THE CONDITIONS OF INTERNATIONAL BUSINESS PROFESSIONALS

プロフェッショナルとしての国際ビジネスマンの条件

大川隆法 Ryuho Okawa

まえがき

日本の若きサムライが外国で戦って勝つにはどうしたらよいか。そしてその成功をスプリングボードとして世界的な仕事を成し遂《と》げるにはどうすればよいか。そのための秘訣《ひけつ》のつまった一冊である。

若き日に渡米して、「自分の英語」よりもむしろ「自分自身」が国際的に通用するということがわかった自信は、その後の私に大きな翼《つばさ》を与えてくれた。努力してきた人や才能のある人をポジティブにすぐ認めてくれるアメリカ人も好きになった。戦地に向かうアメリカの若いパイロットが、「僕は世界の平和を護《まも》るために命をかけるんだ」とその気概を語っているのにも感動した。日本人が忘れて久しい感情に出会ったからである。

少なくとも私は、二十代に日本の裏側から地球儀《ちきゅうぎ》を回して見る視点を得たことにより、人間的に成長した。遅れてくる若者や、ビジネスの最前線で戦っている有名無名の戦士たちにこの一冊を贈る。

二〇一三年　十一月五日

幸福《こうふく》の科学《かがく》グループ創始者兼総裁《そうししゃけんそうさい》
幸福《こうふく》の科学大学創立者《かがくだいがくそうりつしゃ》　大川隆法《おおかわりゅうほう》

プロフェッショナルとしての国際ビジネスマンの条件　目次

プロフェッショナルとしての国際ビジネスマンの条件

二〇一三年九月二十八日　収録
東京都・幸福の科学総合本部にて

7 「やり直し英語」は文法から 91

8 **語《ご》彙《い》を増やす「日々の学習法」** 103

本書は、「『プロフェッショナルとしての国際ビジネスマン』を目指す学生が幸福の科学大学で学ぶべきことは何か」という質問に対する回答として説かれた法話《ほうわ》である。

プロフェッショナルとしての
国際ビジネスマンの条件

二〇一三年九月二十八日　収録
東京都・幸福の科学総合本部にて

1 「国際性」は幸福の科学大学の看板の一つ

今日のテーマは、なかなか結構なものであり、都内のホテルでセミナーをしても人が集まるテーマかもしれませんし、ニューヨークあたりでセミナーをすれば、駐在員《ちゅうざいいん》の日本人がぞろぞろと集まってきて、聴《き》いてくださるテーマでもあるでしょう。

海外で働いている日本人にも、「日本という国家は、どうあるべきか」「日本人は、いかにあるべきか」ということを勉強したがる傾向《けいこう》があるのです。

そういう意味で、これは、普遍性《ふへんせい》があるテーマですし、現在ただいまの日本の課題でもありますし、「これから、どのように国を変えていき、未来をリードする人材をつくっていくか」という面において、非常に大事なことだと思います。

また、「国際性」は、幸福の科学大学全体を覆《おお》っているテーマでもあります。幸福の科学大学では「国際コース」というものをつくる予定ですけれども、それが、いずれ、もう一段大きなものになる可能性もありますし、ほかの学部やコースでも、「国際性」のところは共通してくるでしょう。

したがって、「国際性」は幸福の科学大学の看板の一つになるのではないかと思います。

2 英語でダイレクトに伝えることの大切さ

訪米時のスピーチや会見を、日本語で行った安倍《あべ》首相

それでは、幾《いく》つかの話をしながら、この「国際性」のところを考えてみたいと思います。

九月下旬《げじゅん》、安倍《あべ》首相が、カナダとアメリカへ行き、五カ所ぐらいで話をされたようです。

私は、その話の全部を聴《き》いてはいませんが、昨日《きのう》(九月二十七日)、最終回

の会見をＮＨＫの生中継《なまちゅうけい》で見ました。総括《そうかつ》としての考えの発信のあと、日本人記者二人、外国人記者二人と質疑応答をしていました。

私は、「当然、最初の自分の意見発信のところでは英語で話し、そのあと、質疑応答では、オリンピック招致《しょうち》のときのように通訳に替《か》わるのかな」と思って見ていたところ、最初から最後まで、全部、日本語だったので、「あれ？」という感じを持ったのです。

新聞には、「安倍首相、ニューヨークで講演」など、いろいろと書いてあったので、「当然、英語で話しているのだろう」と思っていたのですが、すべて日本語だったわけです。

先日（二〇一三年九月八日）、オリンピック招致のために、南米でスピーチをしたときには、原稿《げんこう》を用意していたとは思いますが、いちおう英語で話していました。

首相自らがオリンピック招致を行い、「福島原発の問題はコントロールされている」と語ったことには、非常に大きなインパクトがありましたし、納得《なっとく》させるものがあったので、それが勝因《しょういん》になったと思います。

したがって、「今回も、何か、英語で話す内容を決めているかな」と思っていたのですが、全部、日本語だったので、少しさみしく感じました。話す機会が五回もあったので、準備が間に合わなかったのかもしれません。

ただ、昨日の質疑応答に関しては、四人の質問内容を見ると、「あらかじめ、質問を出してあったのではないか」という印象を受けました。当てる人を先に決めてあり、安倍首相は、事前に出されていた質問に日本語で答えていたのではないでしょうか。

同時通訳ではテンポを表現できず、「話の重点」も伝わりにくい

なお、安倍首相が日本語で話しているとき、同時通訳の英語も聞こえましたが、この同時通訳の英語は下手でした。

もちろん、同時通訳では、どうしても時間的に遅《おく》れるため、「下手」という言い方は失礼に当たるかもしれません。ただ、日本語で話したものを聞いた上で、急いで訳し終えようとしていましたし、その同時通訳者特有の訳し方とテンポで話すため、安倍さんの話し方に全然似ていないのです。

「ここに重点を置いた」とか、「ここが主として言いたかった」とか、「ここで間《ま》を取った」とか、そういうことはまったく無視し、「とにかく早く訳し終

わらなければいけない」ということで、自分独特の早口言葉でベラベラと訳していました。それは、通常の日本語としても十分ではなく、速すぎて潰《つぶ》れ気味《ぎみ》の日本語です。

速く訳す場合には、ああなるしかなかったのだと思いますが、「インパクトとしては、かなり落ちるなあ」と感じました。

下手な英語でもよいし、書いた英語を読むだけでも構わないので、首相自身の言葉として言ってくれていたら、自分が強調したいところや、間《ま》を取って周りによく味わってほしいところぐらいは、示すことができたでしょう。ところが、同時通訳では、それをほとんど出せず、とりあえず内容を伝えることしかできなかったので、その点が残念でした。

やはり、通訳能力はあっても、〝役者〟が「総理大臣の役」をしているようなかたちで訳せるわけではないのです。

「このへんに、実は、外交や国際的な政治における発信の問題もあるのかな」という印象を受けました。

オリンピックの東京招致のときには、福島の汚染水《おせんすい》の問題について、“under《アンダー》 control《コントロール》”と言った安倍首相の言葉が非常に印象的でした。

「首相自ら、そう言った」ということが、日本では、あとで問題になり、「本当にコントロールできているのか」と言われましたが、あの一言には、そうとうインパクトがあり、あれで説得された部分はあったと思うのです。肝心《かんじん》で重要な言葉を、首相自らが英語で語り、通じさせられたことは大きかったのです。

安倍《あべ》首相の「総括《そうかつ》」と「質疑応答」の印象

安倍《あべ》首相は、総括《そうかつ》の演説では、「積極的平和主義」と「女性の魅力《みりょく》を引き出していくことに取り組む」という二つのことを、中心に言っていたと思います。

しかし、同時通訳の英語だけを聞くと、そのことがあまりよく分からなかっただろうと思われます。話の内容は、全部、訳されていましたが、「これが話の中心だ」とスッと分かる感じではなかったのです。

積極的平和主義の裏には、もちろん、集団的自衛権等に持っていこうとする考え方や、日本固有の領土についての強い意志をにじませているものがあっただろうと思いますが、そのニュアンスが十分には伝わっていないように感じられました。

一方、「女性の魅力を引き出す」というところでは、真意はよく分かりませんでした。もちろん、「日本社会を、欧米流《おうべい》に、もっと女性が活躍《かつやく》できる社会にして、国際レベルにしたい」という意図もあると思いますし、今、イスラム圏《けん》で人権が問題になっているので、「イスラム圏で女性の解放が後《おく》れているところあたりを、暗に批判したのかもしれない」とも思ったのですが、そのへんについては、意味を十分には取り切れない部分がありました。

そのあとの質疑応答では、日本人の記者二人が「積極的平和主義」と「消費税問題」について質問していました。

外国人記者も二人が質問し、一人は、「尖閣《せんかく》問題など、中国との関係を、今後、どうするのか」ということを訊《き》き、もう一人は、「日本は、制裁措置《そち》として、イラン産出の原油の輸入を減らしているようだが、今後は、どうするつもりなのか」という質問をしていましたが、安倍首相の回答は明快なものではないと思いました。

「幸福の科学の英語教材」を学べば、安倍《あべ》首相の回答を英語で話せる

私は、この四つの質問を聞いていて、「将来、幸福の科学大学で勉強する人たちは、この質問に英語で答えられるだろうか」と思い、安倍《あべ》首相の答えを聴きながら、全部、ずっと語彙《ごい》をたどってみたのです。

その結果、「今、私が作成している、ビジネス英語シリーズの『黒帯英語への道』（全十巻）と『黒帯英語』（初段は全十巻。二段のシリーズも順次刊行

中）〔いずれも宗教法人幸福の科学刊〕を勉強していれば、とりあえず、語彙に関しては大丈夫《だいじょうぶ》で、全部、英語で答えられる」ということは確認できました。

少なくとも、幸福の科学大学で英語を勉強していれば、総理大臣や外務大臣の代わりに、英語で話して帰るぐらいのことはできると思われるので、自信を持ちました。

私は、あらゆる国際問題にきちんと答えられるように、英語の語彙や文章等を集め、英語教材をつくっているので、安倍首相の答えぐらいであれ

『黒帯英語への道』『黒帯英語初段』『黒帯英語二段』の各シリーズ

ば、いちおう、全部、英語で答えられるでしょう。「当会の教材を学んでいれば答えられる」ということが分かったので、安心したのです（注。現時点で約百六十冊の英語教材を発刊）。

オリンピック招致プレゼンでは、安倍首相自身が英語で説明した部分はよかったのですが、質疑応答のほうでは、少し細かいテクニカルな問題も訊かれていたので、「英語では答えられないかな」と思いながら、見てはいたのです。

一方、今回の記者会見を見ると、全部、英語で答えられたはずです。安倍首相は、成蹊《せいけい》大学を卒業後、南カリフォルニア大学に留学したものの、中退したようですが、「いったん外国に出た経歴があり、そして、幸福の科学大学用の教材で勉強していれば、英語で答えることはできたはずだ」と感じた次第《しだい》です。

世の中には、このような見方で見ている人もいるわけです。非常に手前味噌《てまえみそ》ではありますが、私は、そのように見ていて、「教材面が十分かどうか」のチェックをしていました。

日本の要人《ようじん》は、外国へ行ったとき、何カ国語も話せなくてもよいと思います。とりあえず、英語でだいたい通じるので、大事なところだけでも英語で話せたら、インパクトはかなり大きく、ニュアンスが直接伝わります。

通訳を通すと、真意が十分に伝わらない部分はどうしてもあるのですが、通訳を通さずに本人が言うと、相手は、「ここが言いたいのだな」ということがよく分かるのです。

インタビューに英語で答えていたイラン大統領

最近、イランの大統領も訪米し、テレビに出ていましたが、インタビューに英語で答えていました。イラン人にしては、まあまあ聞けるぐらいの英語を話していたので、立派なものです。

「あのぐらい、日本の外務大臣等が話せたら、十分、通じるだろう」と思います。「ある程度、英語が話せる」ということは、国際的にも有利なものだと感じます。

イランなどは、「イスラム圏」ということだけで、誤解され、大変なのですが、英語が話せると、欧米圏に対し、十分に意見が言えるのです。「直接、意見が言える」ということは、とても大事なことだと感じました。

日本のテレビ番組では、「安倍首相は、イランの大統領と会談した際、『父（安倍晋太郎《しんたろう》）は、外務大臣のとき、何度もイランに行き、イランと友好関係を結んでいた』という話をした。それが、向こうと打ち解けるきっかけになった」というようなことが放送されていました。

私にとって、テレビを観《み》る時間はあまり長くないので、詳《くわ》しくは知りませんが、そういう報道を見て、「英語を話せるのは、やはり大事なことなのだな」と感じた次第です。

潘基文《バンキムン》国連事務総長の英語は、韓国訛《かんこくなま》りの「ハングル英語」

また、最近、テレビで、国連の潘基文《バンキムン》事務総長（元・韓国《かんこく》外務大臣）の英語スピーチの一部が流れていたのを聞きました。

彼の伝記が日本語に訳され、『努力の証《あかし》』というタイトルで出版されています。英語名は『The《ザ》 Ban《バン》 Ki《キ》-Moon《ムン》 Story《ストーリー》』です。

それを読むかぎり、彼は、ものすごい努力をしています。

その本には、「学生時代、英語ができて、秀才《しゅうさい》と認められた。外交官試験では、残念ながら二番だったが、外務省に入ってからの研修終了《しゅうりょう》のときには一番だった」「高校時代には、地方の学校に通っていたが、代表として英語スピーチの全国大会に出て、都市部の学校の生徒に負けず、一位になった」などということが書いてあり、「ほう、偉人伝風《いじんでん》に書いてあるなあ」と思いました。もちろん、韓国で書かれた本なので、潘氏をほめるようなかたちで書いてあるのは事実でしょう。

ただ、彼の英語は、スピーチを聞いたかぎりでは、いわゆる「韓国人の英語」です。「懐《なつ》かしい」と言っては語弊《ごへい》があるかもしれませんが、みな同じように聞こえる「韓国人の英語」なのです。

ハングルを母国語としている人の英語には、同じように聞こえるところがあるのですが、「ああ、国連の事務総長といっても、やはり、ハングル英語から抜《ぬ》けられないのか」と感じ、「彼の英語を聞き取るのは、みなさん、けっこう大変だろうな」と思いました。

それを日本人が聞くと、肝心なところで少し言葉が欠けるように聞こえます。韓国人にはうまく発音できない文字があり、そこの部分が、歯が抜けている人の発音のような感じに聞こえるからです。

だから、正直に言うと、下手に聞こえます。韓国人よりも日本人の英語のほうが、うまい人の場合にはうまいように私には感じられました。

ただ、国連事務総長の仕事が務まっている以上、ある程度は、その英語で通じているのだろうと思います。

私も、商社マン時代、ニューヨークで勤務していたときには、韓国人の英語や中国人の英語に苦戦しました。母国語に独特の発音があるため、聞きにくく、その訛《なま》りを取り去らないと、「英語」が〝見えない〟のです。聞き取れない部分があるので、流暢《りゅうちょう》であればあるほど、分からなくなるわけです。

潘氏の英語には韓国語訛りが入っていたので、「ああ、それは直らないのだな」ということを感じました。

鳩山《はとやま》政権の寿命《じゅみょう》を縮めた「トラスト・ミー」発言

英語というと、日本では、鳩山由紀夫《はとやまゆきお》氏が思い出されます。彼が、首相在任中に、沖縄《おきなわ》問題で、アメリカの大統領に“Please《プリーズ》 trust《トラスト》 me《ミー》.”と言ったことが、そのあと、大きく尾《お》を引いてしまったので、「英語で言わないほうがよかったかもしれないな」と、つくづく感じました。

それで、「トラスト（信頼《しんらい》する）」の意味がすごく軽くなってしまい、「日本の首相が言ったのに、この程度か。何もできないのに、よく言えたものだ」という感じはありました。

あれを言わなければ、鳩山政権には、もっと〝寿命《じゅみょう》〟があったかもしれないのですが、鳩山氏が下手に英語をかじっていたため、〝寿命〟を縮めたように感じました。

あの人は理系で、スタンフォード大学の大学院に行き、Ph.D.《ピーエイチディー》（欧米圏で授《じゅ》与《よ》される博士水準の学位）を取っています。

また、麻生太郎《あそうたろう》氏も、いちおうスタンフォードの大学院に行ってはいます。ただ、政治家の子弟《してい》の場合は〝特別枠《わく》〟なのです（笑）。

私としては、口を濁《にご》すしかないのですが、元総理大臣の孫ともなると、試験など、ほとんどないも同然であり、向こうも、「お客さん」として迎《むか》え入れ、「お客さん」として卒業させてくれるのでしょう。卒業論文も、ほかの人が書いてくれるらしいので、入るのも出るのも、一般《いっぱん》の基準とはかなり違《ちが》うとは思います。

鳩山氏も麻生氏も、それほど能力に溢《あふ》れているようには見えないので、少し不思議な感じがしないわけではありません。

そのように、いろいろなところで語学についての経験をし、苦労している人が多いように思います。

3　日本人が積極的に自己主張しない理由

日本人には代表的な「国際ビジネスマン」がいない

今日、「プロフェッショナルとしての国際ビジネスマンの条件」という、難しい〝公案《こうあん》〟（禅宗《ぜんしゅう》で提示される、悟《さと》りに導くための問い）を頂いたので、明け方から、「日本人には、代表的なプロフェッショナルとして、国際ビジネスマンの条件を満たすような人がいたかな」と思い、考えてみたのですが、考えても考えても名前が出てきません。

日本発の「プロフェッショナルの国際ビジネスマン」として、自信を持って挙《あ》げられる、代表的な方が、どう考えても思い浮《う》かばないのです。

そういう意味では、「日本人は、まだまだ、国際的に存在感をPRすることが下手なのだなあ」ということを、つくづく感じた次第《しだい》です。

それには日本人の国民性も影響《えいきょう》しているのだとは思いますが、そうであるならば、少し変えなければいけないでしょう。

大学入試等への「TOEFL《トーフル》」導入は可能か

安倍《あべ》首相は、楽天《らくてん》の三木谷浩史《みきたにひろし》さん（代表取締役《とりしまりやく》会長兼《けん》社長）の進言も受けながら、「TOEFL《トーフル》」を、「大学入試の英語の試験代わりとする」「大学卒業のときの条件にする」ということを、今、検討中だと思います。

ただ、ＴＯＥＦＬは、四時間半もかかる、体力の要《い》る試験ですし、人数の加減から見ても、はたして大学入試にふさわしいかどうか、やや疑問ではありません。アメリカのＮＰＯ（非営利団体）が実施《じっし》しているテストなので、大規模にやれるほどのものではありません。そのあたりのことを私は気にしているのです。

そもそも、安倍首相自身は、自分がアメリカに行ってやってきた経験から、それを積極的に推進することに対しては、厳しいものを感じているのではないでしょうか。

もちろん、英語のできる人がいることはよいことですが、とりあえず欲《ほ》しいのは、何万、何十万という単位の人ではなく、日本の政界や財界、官界等を代表する、ほんの一部の人かもしれません。「ほんの一握《ひとにぎ》りの人でも構わないので、日本人の立場をきちんと主張できるような人が必要なのではないか」と感じています。

しかし、それが、なかなかできないでいるらしいのです。海外留学組であっても、やはり、十分にはできないようです。

政治家の発言で「外交上の問題」が起きることも多い

特に、政治家の場合には、先ほどの「トラスト・ミー」発言ではありませんが、「外交上の問題」が起きることも多いので、英語を話せても、話さない場合があります。通訳を入れておけば、あとで不利な言質《げんち》を取られた場合に、

「通訳の誤訳」ということで交渉《こうしょう》する余地があるからです。

これは、大学時代に私が「政治外交史」でも勉強したことです。「万一《まんいち》のときには、通訳の誤訳ということで、もう一回、ネゴシエーション（交渉）ができる」という話を聞いたことがあります。

そういう意味では、あえて、上手な英語を話さないようにしているのかもしれません。

例えば、雅子《まさこ》さまは流暢《りゅうちょう》な英語を話すと思われますが、話させてもらえないのは、おそらく、「国際問題が発生する可能性がある」と宮内庁《くないちょう》が見ているからだと思います。流暢すぎるので、即《そく》、答えをパッと言ってしまう可能性があるのです。これが怖《こわ》いのでしょう。

皇太子さまなら、学習院英語風で、やや遠回しな、おっとりとした、上品な英語を話されるので、ストレートには結論が分からないような英語を、お使いになるのだろうと思われますが、雅子さまだと、結論のところをズバッと言ってしまうかもしれないので、宮内庁は、そのあたりが怖くて、隠《かく》しているのだろうと思うのです。

このへんが、雅子さまの、いろいろな悩《なや》みというか、「外交官出身なのに、外に出られない悩み」になっているのだろうと推定しています。

ハーバード大学では、日本人学生はウェルカムではない？

日本人の国民性のところと、外国との関係の調整というところで、今は非常に大きな問題を抱《かか》えていると思います。

例えば、「ハーバード白熱教室」でマイケル・サンデルさんは有名になりましたが、ハーバードのほうでは、「日本人の学生は、あまりウェルカムではない。何も話さないし、質問もしない。どんどん質問してくれるほうが、ありがたいのだが、日本人の場合には、それが全然ないので、あまりウェルカムではない」という言い方をすることがあります。

ただ、当会の講演会やセミナー等では、「参加者が熱心に質問している」という、日本的ではない風景が見られるので、これは持っていき方次第なのではないでしょうか。

「お上《かみ》の目」を意識し、自己主張を恥《は》ずかしく思う日本人

日本人が積極的に自己主張をしないことには、理由が二つあると思います。

一つは、「日本人には、『お上《かみ》の目』というか、『上から見ている目』を、いつも意識しているところがある」ということです。

もう一つは、「日本人には、『自己主張をすることは、恥《は》ずかしいことだ』と見えているところがある」ということです。

そのため、「言いたいことを言わずに黙《だま》っていることが美徳である」というように見える部分が、文化的にはあると思うのです。

この二点です。日本人には、「お上を意識して、あるいは、自分より立場が

上の人を意識して、言わないでいる」というところと、「自己主張をすることが、恥ずかしいことというか、謙虚《けんきょ》さがないことのように見える」というところがあると思うのです。

ドラマ「半沢直樹《はんざわなおき》」の終了《しゅうりょう》後、銀行に〝お仕置き〟をした金融庁《きんゆうちょう》？

先日（九月二十二日）の日曜日で、テレビドラマ「半沢直樹《はんざわなおき》」が終わりました。最終回では、平均視聴率《しちょうりつ》が約四十二パーセントまで行き、歴代四位とのことです。

主人公は、銀行員にしては珍《めずら》しく、正義を盾《たて》に取って意見を言い、上司と戦う人です。

しかし、行内《こうない》だけなら、よかったのですが、金融庁《きんゆうちょう》とも戦い、金融庁の黒崎《くろさき》検査官を翻弄《ほんろう》し、かなり〝やっつけてしまう〟構成のドラマになっていたので、ドラマが終わって一週間たたないうちに、金融庁は、みずほ銀行に業務改善命令を出しています。

ドラマの舞台《ぶたい》は、どう見ても、みずほ銀行です。ドラマでは「東京中央銀行」と称《しょう》していましたが、三行《さんこう》統合の銀行は、みずほ銀行しかありえないでしょう。統合前の銀行のモデルの一つは興銀《こうぎん》（日本興業銀行）と思われ、興銀が入ったところだとすると、みずほ銀行しかありえないのです。

つまり、あのドラマは、「みずほ銀行が金融庁をきりきり舞《ま》いさせて、〝悪代官《あくだいかん》〟をやっつけた」というような構成に、どうしても見えるので、ドラマが終わるや否《いな》や、金融庁は、みずほ銀行に対して行政処分を行いました。

金融庁は、「みずほ銀行は、小さな金融機関を経由して、暴力団に、合計で約二百三十件、総額二億円以上を融資していた」ということを調べ上げ、「二〇一〇年の段階で、その報告は担当役員までは上がっていたが、それから上には上がらずに、もみ消されていた」というところまで責め、即日、平謝《ひらあやま》りをさせていました（注。その後、当時の頭取《とうどり》等も実態を把握《はあく》していたことが明らかになった）。

人々の記憶《きおく》が消えないうちに、「ドラマみたいにはいかんぜよ。金融庁をなめたらいかんぜよ」ということを見せたかったのでしょう。「ほかの銀行がまねをするといけないので、〝お仕置き〟を開始したのかな」と思いました。

これが日本の〝お上〟です。日本人は、「お上に対して盾突《たてつ》いた場合には、ろくな結果にならない」ということを、江戸《えど》時代から、あるいは、その前から、繰《く》り返し経験しているのです。

半沢直樹《はんざわなおき》の行動は、日本的には「あってはならないこと」

ドラマ「半沢直樹《はんざわなおき》」には、「『正論だから』ということで、一介《いっかい》の次長が、メガバンクの役員会議の場で、常務取締役と堂々と渡《わた》り合い、頭取が座《すわ》っている横で常務を土下座《どげざ》させる」というシーンがありました。

これは、チャンバラのようで、ドラマとしては面白《おもしろ》いし、見ていて胸がスッキリするのですが、実は、日本的には、〝あってはならないこと〟です。

「立場に関係なく、正しいことは正しいので、正論を言うべきだ」という考えもあろうとは思いますが、日本でそれを実践《じっせん》したら、どうなるでしょうか。

そのドラマは、「出世、間違《まちが》いなし」と思われた主人公が、子会社の東京セントラル証券への出向を命じられ、銀行から放り出されるかたちで終わっていました。

ドラマを制作した人は、「人気が高いので、続編として、主人公が頭取になるところまで、頑張《がんば》ってつくりたい」と言っていますが、どうなるでしょうか。原作にない話をつくるかどうか、分かりません。

このように、見る人の立場によって、「面白い」と見る場合と、「けしからん」と見る場合とがあるのです。

上下関係に厳しい日本の文化は、海外では納得《なっとく》されにくい

日本の場合、下の者が、上にいて監督《かんとく》する立場にある者に盾突いたら、きちんと〝お仕置き〟がありますし、同じ銀行内でも上下関係があります。

そのドラマでは、合併《がっぺい》前の銀行の一つは「産業中央銀行」という名前でしたが、このモデルは、先ほど述べた興銀だと思われます。

私は、以前、興銀に入った人から、「入行《にゅうこう》が一年違ったら、神様と虫けらぐらい違う」という話を聞いたことがあります。入って一年目ぐらいの人でしたが、そういうことを言っていたので、「常務」対「次長」であれば、神様と虫けら以上の差があるのではないかと思われます。

だから、結局、「長いものには巻かれろ」であって、「正論を主張した者が必ずしも報《むく》いられない」ということもあるのです。「上には勝てない」「正論は必ずしも結論的に有利ではない」という結末なので、あれは日本的なドラマでしょう。

こういうものが人気を博していますが、その陰《かげ》で、煮《に》え湯を飲まされるというか、つらい思いをした人は大勢いるのだろうと思います。

「こうした日本的文化には、海外においては、なかなか納得《なっとく》してもらえない部分はあるのかな」と思います。

アメリカであれば、民主主義的に、「上下関係はあっても、人間としては平等なのだ」という考えがあります。

そのため、人間性や相手の家庭にまで踏《ふ》み込《こ》むと、当然、問題が生じてきますし、仕事上の問題であっても、「人間として平等」という、立国の精神を踏み外してはいけないところはあるわけです。日本のように、「公《こう》」でも「私《し》」でも、身分秩序《ちつじょ》が全部続くようなことには必ずしもならないところがあります。「日本とアメリカには、そういう違いがある」と言わざるをえません。

4　文化の違《ちが》い、多様な価値観を理解する

アメリカでは「レディーファースト」を知らないと野蛮人扱《やばんじんあつか》い

今回のテーマについて、幾《いく》つかの例を挙《あ》げ、遠回しに言っているのですが、「プロフェッショナルとしての国際ビジネスマン」になっていくためには、ある程度、この「日本的風土」というものに対する理解をしていないと駄目《だめ》です。

また、「海外に行った場合は、どうなるか」という点で、日本との違《ちが》いもあるでしょう。これを使い分けるのか、あるいは、「グローバルスタンダード

（世界標準）」と割り切って、それを日本でも貫《つらぬ》くところまでやるのかという問題もあると思います。

いずれにしても、まずは、「知らないことに対しては、どうしようもなく、弁明のしようがない」というところがあります。

例えば、アメリカへ赴任《ふにん》したら、日本人の男性であっても、レディーファーストを守って、女性を車やエレベーターに先に乗せたりしていますが、日本の本社に帰ってくるや否《いな》や、逆転し、女子社員よりも自分のほうが堂々と先に乗り込《こ》むようなことをして、同じ人なのにコロッと態度が変わることがあり、不思議な感じではあります。

私がアメリカ勤務だったとき（一九八二〜一九八三年）の職場はワン・ワールドトレードセンタービルのなかにあり、そこには、何十人も乗れる大きなエレベーターがありました。

私が赴任して間もないころ、エレベーターの扉《とびら》が開《あ》いてすぐにサッと乗り込もうとしたところ、上司に後ろから襟首《えりくび》をつかまれ、「レディーファーストなんだ。おまえ、野蛮人《やばんじん》と間違われるぞ。乗るな」と、引きずり出されたことがあります（笑）。「あ、そうですか」と、すぐに脇《わき》によけ、女性のあとから改めて乗った覚えがあります。

また、タクシーでも、同じ経験をしています。

いったん、そういう経験をすると、〝トラウマ〟ができ（笑）、日本に帰ってからは、エレベーターに乗るにも、女性が先に乗ってくれないと、乗れなくなったのです。

ただ、日本の女性は、後ろに回っていて、先に乗ってくれません。こちらが待っていても乗ってくれず、手で促《うなが》しても、「いえ、結構です」と遠慮《えんりょ》して乗ってくれないので、本当に、何とも言えない感じがありました。

　こういうことでも、十分、〝トラウマ〟になります。「野蛮人と間違われるのは嫌《いや》だ」と思うと、どうしても、先に乗れなくなったこともあったのです。

　幸福の科学を始めたばかりのころも、レディーファーストで、女性を先に乗せたら、秘書が寄ってきて、「先生が先にお乗りください」と言われ、「ああ、そうだったかな」と思ったこともあります。どうしても癖《くせ》が出てしまい、切り替《か》えに困ったことがありました。

　ただ、こうした、いろいろな違いに慣れるのには時間がかかりますけれども、体験なり知識なりで「文化の違い」を知っておくことは重要だと思います。知らないことには、なぜそうなるのかが分からないので、そういう意味での理解は大事なのではないでしょうか。

実体験がないと、異文化の解釈《かいしゃく》を間違《まちが》うこともある

それから、「異文化を実際に体験せずして、自分流にだけ解釈《かいしゃく》していると、間違《まちが》うこともある」ということも言っておきたいと思います。

最近、日本を扱《あつか》った映画で、「ウルヴァリン：SAMURAI《サムライ》」という映画があります。

ウルヴァリンとは、いわゆる「X《エックス》－メン」、アメリカの超能力者部隊《ちょうのうりょくしゃぶたい》における、親分のような人です。手の甲《こう》から特殊《とくしゅ》合金の爪《つめ》がバシーッと出て、シャアシャアと引っ掻《か》くのですが、「ウルヴァリンを日本に連れてきて、戦わせる」とい

うシチュエーション（設定）の映画でした。

ただ、原作がアメリカ人であるため、そのなかには、〝あってはならないシーン〟が幾《いく》つもありました。

日本の財閥《ざいばつ》が舞台《ぶたい》ですが、「日本の財閥は、ヤクザを雇《やと》って攻撃《こうげき》させ、さらには忍者《にんじゃ》部隊が攻撃してくる」という描き方をされています（笑）。

これはこれで面白《おもしろ》いかもしれませんが、私は、「日本は完全に誤解されていて、『忍者は今も健在で、ヤクザを出しても駄目なときに忍者が出てくるのだ』などと思われるのではないか」と感じ、映画を見ながら、ハラハラしてしまいました。

戦いは、まず、芝《しば》の増上寺《ぞうじょうじ》を借りて、財閥の長《ちょう》の葬儀《そうぎ》をしているところから始まります。ヤクザが坊《ぼう》さんに化《ば》けているのですが、入れ墨《ずみ》が裾《すそ》からチラッと見えたため、「実はヤクザが命を狙《ねら》っている」ということを主人公が見抜《みぬ》き、ヤクザとの追いかけっこが起きるのです。

次に、「増上寺の屋根の上に忍者がいて、上から矢を射《い》る」という、「そんなバカな」と言いたくなるシーンが続きます。

「増上寺の屋根に忍者が潜《ひそ》んでいて、財閥の総帥《そうすい》の葬儀のときに襲《おそ》ってくる」というのは、〝あってはならないシーン〟ではあるのですが、勝手につくって映画を面白くしようとしているのでしょう。

ただ、そういうものを流されると、日本に来たことのない世界各地の人々が見たら、「今も、こんなものかな」と、きっと思うことでしょう。そう感じました。

実際に、イスラム圏《けん》では、忍者のまねをして訓練に励《はげ》んでいる人たちがいま

す。テロリストたちが、黒装束《しょうぞく》を着て、まさしく忍者のように訓練をしていま
す。また、女性までもが忍者の格好をして訓練しているのです。
実に、うれしいような、うれしくないようなことが、現実に行われており、
「日本が誇《ほこ》るべきものには、こんなものしかないのかな」と思い、「少しさみし
いな」と感じました。
ちなみに、その映画には、ハリウッド俳優でもある真田広之《さなだひろゆき》さんが出ていて、
そのウルヴァリンとチャンバラをしていました。

文化を理解すると同時に、「文化発信」も大事になる

日本人のハリウッド俳優として、もう一人、渡辺謙《わたなべけん》さんがいます。以前、映

画「ラストサムライ」で、西郷隆盛《さいごうたかもり》風の人物を演じた人です。

その彼が主演している「許されざる者」という日本映画が、最近、公開されました。

これは、実は、アメリカの西部劇映画を日本の話にアレンジしたもので、元の映画はアメリカでアカデミー賞を受賞しているようです。

舞台は北海道となっており、インディアンをアイヌの一族に置き換《か》えたのかもしれません。

元幕府軍で、官軍に追われ、北海道まで逃《に》げてきて潜んでいる、殺し屋の釜《かま》田十兵衛《たじゅうべえ》という人が主人公です。

また、アイヌも出てきているため、外国ではめったに知られることのない、「民族差別のようなものが日本にもあるのだ」という感じの部分も描かれています。

そして、渡辺謙が演じる十兵衛は、最後には、明治政府の警察署に当たるところを襲い、皆殺《みなごろ》しにするのです。こういう映画です。

渡辺謙はハリウッド俳優なので、外国でも公開されるかもしれませんが、「日本って、ずいぶん残酷《ざんこく》な国なんだなあ」という感じがしました。

要するに、「日本には、チャンバラか忍者ぐらいしか、もう見せるものはない」という文化発信がなされているのです。

それを見れば、韓国《かんこく》や中国が、「日本は危険な国なのだ」と思い込みたがるのも、分からないことではありません。日本人が、中国人について、「みんなカンフーができる」と思うのと同じような間違いかもしれませんが、そういうことがあるので、やはり、文化を理解すると同時に、「文化発信」も大事になると思います。

そういう意味では、当会製作の映画「神秘の法」（大川隆法製作総指揮。二〇一二年公開）は、海外のいろいろなところで評価されつつあります。世界の紛争《ふんそう》解決や救世主の問題まで、けっこう普遍《ふへん》的なテーマが出ているので、日本から出した映画としては、非常に珍《めずら》しいものではないかと思うのです。

ニューヨークの「冬でも半袖《はんそで》」にカルチャーショックを受けた私

いろいろなことを雑談風に述べてきましたが、結局、「プロフェッショナルとしての国際ビジネスマン」になっていくためには、「単なる語学の問題ではない」ということを、一つ申し上げておきたいのです。「文化の違いを理解し、それから、多様な価値観を理解しないと、国際ビジネスマンとしても、十分には通用しないところがあるのだ」ということを、知っていただきたいと思います。

それを器用に切り替えて行うか、あるいは、本人の地《じ》として行うか、それについては、本人の力量の問題もあるかもしれません。

ただ、少なくとも、「いろいろな種類の人間がいて、宗教や信条の違いがあっても、会社などのさまざまな組織は成り立ち、運営できる」ということに対する理解の足りない部分が、日本人にはあると思います。

そのため、そういうことを体験したり、見聞きしたりする必要はあるのではないでしょうか。それを、私は、まず言っておきたいと思います。

そのへんのカルチャーショックには、そうとうなものがあります。

かつて私が受けたカルチャーショックとしては、例えば、「ワールドトレードセンターで働く人々は、みな、冬でも半袖《はんそで》のワイシャツで仕事をしていた」ということがあります。これはショックでした。

当時の日本では、「冬は長袖」と決まっており、背広を脱《ぬ》ぐのはよいとしても、やはり、ワイシャツは長袖を着ていないとおかしく、半袖を着るのは夏だけでした。

ただ、室温はコントロールされているため、冬でも、「長袖も半袖も別に関係ない」と言えば関係なく、汗《あせ》が出るぐらいなら半袖でも構わないわけです。

アメリカの場合、このへんの割り切り方はすごかったのです。人々は、外では厚いコートを着て、零下《れいか》二十度にも耐《た》えられる格好をしているのですが、建物のなかへ入ったら、冬でも半袖で仕事をしていました。

そこで、日本に帰ってきてから、私も冬に半袖を着ていたことがあるのですが、すっかり変人扱いをされました（笑）。「どうして分かってくれないの？暖房《だんぼう》しているじゃない」と言いたくなるのですが、当時の日本では、冬に半袖を着ると、やはり通じなかったのです。

その後《ご》、日本もだんだん変わっていき、ネクタイの夏物と冬物の区別がなくなったり、女性も冬に薄《うす》い服を着たりし始めていますので、文化的にはかなり変わったのではないでしょうか。昔は、衣替《ころもが》えの季節になると、完全に厚手に替わったり、薄手に替わったりしていたので、そういう縛《しば》りはあったと思います。

アメリカでは、こういうものについては、けっこう自由なのです。「本人の体感温度がどうであるか」ということは、その人の問題なので、周囲の人たちは、それについて、あまり言わないところがあります。「自由の女神《めがみ》」の観光船に乗ったときも、本当に、半袖の人から毛皮を着ている人までいるような状《じょう》況《きょう》でした。そういう国もありえたわけです。

ただ、今のアメリカは、少し窮屈《きゅうくつ》になってきているので、だいぶ違っているかもしれませんが、「そういう国がありえた」ということに驚《おどろ》きを感じたことはあります。

「そういう、自由なアメリカから見れば、イランも、そうとう国民を弾圧《だんあつ》しているようにも見えるのかな。また、シリアについても、そう見えるのだろうな」とも思います。

このへんの違いはあるでしょう。

5 「日本型英語学習法」はいまだに有効

実用性のところで、もう一段、訓練を積む

さて、国際志向、あるいは海外志向ということになると、もちろん、語学は必須《ひっす》条件になります。

「日本人の語学力が低い」ということが、今、話題にされています。

少し前に「ゆとり教育」がなされ、緩《ゆる》められたことの反動が出ているところもあって、日本企業《きぎょう》の戦力は落ちましたが、この間、韓国《かんこく》や中国は、英語に非

常に力を入れていた面もあるのです。

確かに、「ゆとり教育」には問題がありました。

ただ、日本の英語学習の方法自体が、全部、間違《まちが》っているかといえば、必ずしもそうではないのではないかと思うのです。ある程度、確立したものはあり、通用するものもあったのではないでしょうか。実用性のところでだけ、もう一段、訓練を積めば、きちんと英語ができるようになったのではないかと考えます。

大学入試問題についても、「あまりにも実用英語とかけ離《はな》れている」という言い方をされることはありますが、かなり近寄ってきている部分もあります。

東大の入試問題を見ても、「これで何点ぐらい取れたら、実用英語では、だいたい、このくらいになる」という換算《かんさん》がすぐにできてしまいます。

「東大入試問題の英語において、百二十点満点中、八十点以上だったら、だいたい英検準一級ぐらいには届く。百点レベルだったら、少なくとも英検一級の筆記試験には通る」と分かるので、対応していないわけではなく、いちおう、レベルがきちんと見えるようにはなっています。

また、いろいろな資格試験もあり、それに合わせて勉強することもできます。大学時代だけではなく、社会人になってからでも、何年か勉強の期間を取れば、十分についていくことはできるのではないでしょうか。

「英語を日本語に訳したり、日本語を英語に換《か》えたりする部分が、やや無駄《むだ》だ」という考えもあるかもしれませんが、これも一つの文化であり、漢字文化を日本に移入したときの名残《なごり》でもあるのです。こういうかたちで日本は外国語を取り入れてきたので、一つの文化として継承《けいしょう》されていると思います。

日本が母国語中心なのは「大国《たいこく》の証明」でもある

それと、もう一つ、反論的な言い方ではあるのですが、「日本は、ずいぶん大国《たいこく》になったなあ」とも私は感じています。

「他の国の留学生の数に比べて、日本から海外への留学生は、ずいぶん減り続けている」と言われています。例えば、東大では、一学年に三千人いても、海外に留学する人は以前より減って、十数人しかいないようです。その数をもう少し増やすために、総長が秋入学制に変えようとしたのですが、大反対を受け、結局、それは見送られました。

ただ、日本では、昔に比べて、もう、日本語で、ある程度、いろいろな仕事が全部できるようになってきているところはあると思います。

その意味では、まだまだ母国語では勉強が十分にできない国の人たちほど、英語はよくできます。アフリカの人たちもそうです。英語がものすごくできます。話す英語は立派なものですし、その内容も立派なものです。それは、教科書も参考書も英語のものを使わないと、まだ十分に学問ができない部分があるからであり、明治の日本と同じ状況《じょうきょう》にあるわけです。

そういう意味では、国が大国化すると、どうしても母国語中心になってくる面はあります。

アメリカ人は、ほとんど英語しか話せません。当たり前のことですが、彼らにとっては、英語は「国語」であるので、世界中、「国語」で通している状況であり、フランス語やドイツ語を上手に話せる人は大していないのです。

彼らにとっては、イギリス英語でさえ、留学に値《あたい》するぐらい、十分に難しいことがあるようです。それくらい、母国語だけで仕事をしています。

これは「大国の証明」でもあるのです。今、韓国語だけでも中国語だけでも、仕事ができないところはありますが、英語であればできます。やはり、英語がいちばん通用するでしょう。

しかし、日本では、日本語が使えないと、なかなか仕事が成り立たないし、日本語でほとんどのことを学べるところがあります。その意味では、日本は大国です。日本は、明治以降の百数十年間において頑張《がんば》った結果、いろいろなものが日本語でできるようになっているのです。

ただ、そのことが、「コミュニケーション能力としての英語力」を、やや落としている面があることは、見逃《みのが》してはならないところだと思います。

6　外国で評価されるのは人間としての「中身」「教養」

アメリカの英会話学校の教官を驚《おどろ》かせたこと

「語学力」に関し、さらに述べるとするならば、ある意味、前節とは逆になるかもしれませんが、「英語は未熟でも、日本語での教養なり専門知識なりの中身がきちんとあれば、実力相応に認められる。実用英語を必死に勉強し、何とか周囲に追いついたレベルであったとしても、内容の部分がきちんと確立していれば、実力相応に認められるようになってくる」ということです。

これも、私が外国で発見した大きなものの一つです。

私が勤めていた商社では、アメリカへ行って、しばらくすると、駐在員《ちゅうざい》も研修生も、みな、だいたい、会社から「ベルリッツ（バーリッツ）に通って、英会話を勉強するように」と勧《すす》められ、いったん行き始めることになっていました。

そこで、授業を予約して行くわけですが、向こうには外国人用のものと思われる英会話のテキストがあり、てきとうに決めて、やっているのです。

そのベルリッツで英会話の授業を受ける合間の時間に、私は鞄《かばん》から洋書を出して読んでいました。読んでいたのはペーパーバックで、チャールズ・ディケンズの小説『デイビッド・コッパーフィールド』です。五百ページぐらいある大著でした。

向こうには先生が何人もいましたが、女の先生で、おそらく主任に当たる人が来て、私を見ると、急に目が真ん丸になって、「あなた、何を読んでるの?」と訊《き》くのです。

「ディケンズぐらい、知っているでしょう? ディケンズを読んで、何か問題でもあるんですか」と私が言ったら、「それは『デイビッド・コッパーフィールド』でしょう? あなたに、それが読めるはずはない」と言うのです。

「ディケンズを読めるはずがない」と言われると、バカにされたような気になり、「そんなことはありません。この程度の本を休み時間に読むぐらいの能力は、私にはあります」と言ったら、今度は向こうのほうがクラッときていま

長く読み継がれている『デイビッド・コッパーフィールド』

した。

ウォール街のアメリカ人は「英文学の古典」を読めない

英会話の教室に入って、ベルリッツの上級用のテキストを開《あ》けてみたら、はっきり言って、会話ばかりでした。旅行者が横断歩道で問答《もんどう》をしているような会話がたくさん書いてあり、バカバカしくて、こちらは本気でやっていられませんでした。

そんなものを使って授業をしている横で、私は『デイビッド・コッパーフィールド』を読んでいたので、先生は、目玉が飛び出すぐらい驚《おどろ》き、「こういうものはアメリカ人には読めないのだ」と言ったのです。

「えっ、なんでですか」と訊いたら、向こうは、「これは百年前のイギリスにおけるロンドンの英語です。イギリスへ行って、オックスフォードかケンブリッジの文学部にでも留学しないと、こんなものは読めません。ウォールストリートで働いているアメリカ人たちには、こんな古典は読めません」と言ったので、こちらのほうも、引っ繰《く》り返るほど驚いたのです。

そんなものなんですね。「百年前の英語は読めないのだ」と言うのです。彼らにとって、それは「古文・漢文」に近いものなのかもしれません。「え？　これが読めないのですか」と、こちらのほうがのけぞったのです。

大学時代にも英語の文学を読み、教養を身につけていた

昔を思い出してみると、これと同じような経験をしたことがありました。

東京大学の二年から三年に上がり、本郷《ほんごう》（専門学部）に行くとき、「国際政治の勉強をしようかな」と思い、「学者になるには、どうしたらよいのか」ということを、教授に問い合わせたところ、助教授を紹介《しょうかい》してくれました。

それで、春休みより少し前だったか、春休みを過ぎてからだったか、時系列は忘れたのですが、本郷の法学政治学研究室に行き、国際政治の助教授に、「いろいろな参考書のうち、どんなものを読んだらよいか」と訊いたのです。

そのときに、「君は、英語に関しては、どんな本を読んでいるんだね？」と

訊かれたので、「私は、今、スタインベックをずっと読んでいて、ちょうど『怒《いか》りの葡萄《ぶどう》』を読み終わったところです」と言ったら、向こうは〝ずっこけ〟て、「え？　スタインベックを読んでるの？　ああ、そう」と言っていました。

私は「何か問題でもあるのでしょうか」と言いましたが、文学作品なので、「国際政治には関係ない」と言えば、ないのです。『怒りの葡萄』は、アメリカで過酷《かこく》な労働が課された時代の話ですが、私が「スタインベックを読んでいる」と言ったら、そのとき、向こうはのけぞったのです。それを、ふと思い出しました。

そういう古典を読み、文学的な教養を身につけることは、別に不思議なことでも何でもなく、当たり前のことではないかと私は思っていたのですが、どうも、そうではないらしいのです。「英語を勉強する」ということは、「試験用の実用英語の勉強をする」ということらしくて、そうした古典の部分まで読んでいるのは、尋常《じんじょう》ではなかったようです。そのへんに違《ちが》いがあったのかと思います。

ニューヨーク市立大学の大学院では〝教える側〟だった

ニューヨークでは、ベルリッツに少し通ったあと、ニューヨーク市立大学の大学院に、ゼミのようなかたちで参加しました。ただ、結論的に言うと、口幅《くちはば》ったい言い方にはなるのですが、「周りの人たちの学力があまりにも低くて、その場にいられない」という状況《じょうきょう》に陥《おちい》ってしまいました。

私は、東大時代に、「大学に残るかどうか」ということを考えていたぐらいですので、もし残っていたら、二十代の半《なか》ばで助教授（現在の准《じゅん》教授）なのです（法学部の場合）。ニューヨーク市立大学の大学院のゼミであっても、そのあたりの年代層で、大学の助教授ができるぐらいのレベルの人は、勉強に来ていないのです。

だから、レベルが全然違いすぎました。最後には、もう、教授から、「君がいると、アメリカ人たちが勉強できなくなるから、もう来なくてよい」と言われました。こういうことがあってよいのかどうか、知りませんが、クビにされたと言うべきでしょうか。つまり、私は〝教える側〟だったのでしょう。「君がいる所じゃないよ」と言われましたが、教える側のレベルであったらしいのです。

ほかの学生も実務家たちなので、立場は同じようなものかと思ったのですが、レベルにあまりにも差があったのは、私にとっても衝撃《しょうげき》でした。

今にして思えば、「それは、実は英語力だけの問題ではなかったのではないか」と感じるものがあります。

私は、当時、もうすでに数千冊の本を読んでいました。アメリカ人であっても、二十代の半ばぐらいで、「数千冊も本を読んでいる」というレベルの人は、それほどいるわけではありません。

実は、作家か大学の先生が十分にできるぐらいのレベルに達していたのだろうと思います。英語だけではなく、日本語も含《ふく》めての教養が、幅広くて深かったために、ちょっとつかめないぐらいだったのでしょう。

私は、二十代で、すでにそのような感じでした。

あちらは、そのへんについて分かるのは、わりあい早かったようです。日本人は「人間の能力は平等」と思っているのですが、アメリカ人は、「人間は平等」だとは思っていても、「能力は平等だ」とは思っておらず、「教育は能力に合わせて受けるべきだ」という考え方を持っているのです。

当時、私の持っている背景知識は、そうとう広範囲《こうはんい》に広がっていたため、ほかの学生との差がありすぎたのです。学生といっても、三十歳《さい》前後の〝おっさん〟が多かったのですが、私は、残念ながら、学生の身分で居続《いつづ》けることはできないような状態であったと思います。

ただ、これは、おそらく、日本語での「教養」の部分もそうとうあって、さまざまなものをかなり知っていたことで、英語としては十分ではなかったとしても、その知識に基《もと》づいて議論を組み立て、論破していったため、「これは敵《かな》わん」という感じが、そうとうあったようです。

「アメリカ人に知力で負けない」という自信を得た

日本人は、よく「アメリカ人に劣等感《れっとうかん》を持っている」と言うのですが、私は、あまり持っていないのです。むしろ、「日本人は、なぜ、こんなに優秀《ゆうしゅう》なのだろう」と思ったぐらいなので、まことに傲慢《ごうまん》で、本当に申し訳なかったと思っています。

当時は、折《おり》しも、エズラ・ヴォーゲル氏の『ジャパン・アズ・ナンバーワン』という本が非常に流行《はや》り、ヒットしたあとであり、日本が「旭日昇天《きょくじつしょうてん》の勢い」で力を増しているころだったので、かなり自信があったのかもしれません。

ほかの人がそうだったかどうか、知りませんが、「アメリカ人に知力で負けない」ということが、はっきり分かったので、ある意味で、私にとっては、非常に自信にはなりました。

彼らは、最初、私の英会話が下手な部分などを低く見ていたのですが、しばらくすると、「中身があった」ということに気づき、ショックを受けていました。「英語が話せない人は猿《さる》並み」と思っているのですが、だんだん英語をうまく話せるようになってきたら、次には、中身が次々とたくさん出てきたため、それには、そうとう衝撃を受けたようでした。

このへんのところを、上手に伝え切れていないのかもしれませんが、「確かに、そんなものかな」と思います。

外務事務次官を務めた、雅子《まさこ》さまのお父さん（小和田恆《おわだひさし》氏）が、国際司法裁判所の判事になるとき、マンションのなかをテレビカメラが映し、「洋書が千冊ぐらいある」ということを放送しているのを見た覚えがあります。

国際司法裁判所の判事になり、裁判所長も務めた方ですが、「千冊ぐらいの洋書で、国際法の権威《けんい》になれるのか」という印象を受けました。

そういう意味で、勉強というものは有機的に絡《から》み合ってくるので、「何をどう勉強したことが、どこに効いてくるかが分からない」というところがあるのです。

ハーバード大卒の弁護士の〝日本語の家庭教師〟を務める

私は、ボストンに旅行したとき、電車のなかで、ハーバード大卒の弁護士と知り合いになりました。そのときには会社の仲間もいたのですが、ニューヨークに帰ってからも、ときどき呼び出しがかかり、「遊びに来い」と言われたので、彼の家に遊びに行っていました。

彼は、ボストンへ行くアムトラック（全米鉄道旅客輸送公社）の電車のなかで、日本語のワークブックを解いていたので、それを面白《おもしろ》く見ていたところ、日本語の会話が始まり、いろいろと話をしたのです。

彼は、「遊びに来い。遊びに来い」と言うのですが、要するに、〝日本語の家庭教師〟として私を使おうとしているらしいことが分かりました。

こちらが日本語を教える代わりに、向こうは、私の英語をいろいろと訂正《ていせい》し、「これは、こう言ったほうがよい」などと言ったりして、〝互恵《ごけい》関係〟になってはいたのです。

会社の四人ぐらいが一緒《いっしょ》にボストンへ旅行に行ったので、最初は四人で彼と付き合ったのですが、そのあとは指名で私にだけ呼び出しがかかり、「来てくれ」と言われました。そのへんの見極《みきわ》めは、すごいものです。

ただ、「ハーバード出の弁護士で、日本語の勉強をしている」というのは、変わっているほうなので、少し本流からずれているのかもしれません。人のいい人ではありましたが、頭のレベルで見れば、「よく切れるというほどではない」という印象は受けました。

アパートの上の階にいた、コロンビア大学の学生との交流

また、ニューヨーク時代に、住んでいるアパートのなかに鍵《かぎ》を忘れ、ドアを閉《し》めてしまったため、入れなくなり、困ったことがあります。

部屋の前に立っているうちに、上の階からコロンビア大学の学生が下りてきたので、「鍵をなかに忘れてしまったんだ」と言ったら、「それは、ありうることだ。大家《おおや》に連絡《れんらく》してやる」と言ってくれました。

そして、「大家がやってきて、鍵を取り出してくれるまでの間、俺《おれ》の部屋へ来て遊ばないか」と言われたので、彼の部屋に行き、話をしたのです。

彼は理科系の学生でしたが、碁《ご》や将棋《しょうぎ》のルールを、ある程度教えると、だいたいパターンを覚えて、「次は、こうなるはずだ」と言い出したので、「おお、なかなか推理力があるなあ」と思い、次に、日本語の「あいうえお」の五十音を教え、〝使い方〟を教えたら、やはり、ルールをすぐに覚え、「次は、これになるはずだ」と言ってきたのです。

私は、「理科系統には、けっこういける人もいるのだな」と思いました。推理力があって、次の言葉を予想できるのです。

ただ、彼には、本当は、一年間、恨《うら》まれていたことを、当時の私は、あまりよく知らなかったのです。

上司から酒に誘《さそ》われて、カラオケにも連れていかれたため、夜中の二時や三時にタクシーで帰ることが多かったのですが、夜中に、上の部屋で、ドンドンドンドンと、箒《ほうき》の柄《え》で床《ゆか》をつつく音がするのです。

私は、その意味がどうしても理解できないまま、日本に帰ってきたのですが、あとから考えてみると、要するに、「うるさい」ということだったのでしょう。下の音が上に響《ひび》いていたのです。夜中に帰ってきて、下で音楽や英語の音声をかけたりしていたので、それがうるさくて、ドンドンと床をつついていたわけです。それでも友達にはなれました。

そういう経験もしたことがあります。

「地位・役職」等より「中身」で判定するアメリカ人

とにかく、知能の高い人は、いることはいます。

ただ、決められた範囲のところを、短期間で要領よくつかむ訓練をしている人は多いのですが、「教養の幅」が狭《せま》く、自分の専門を一歩離《はな》れたときに、語るべきものがないエリートは数多くいたように思われます。

したがって、自分の仕事で使う専門分野を超《こ》えた部分で、プラスアルファをたくさん持っている人は、一目《いちもく》も二目も置かれ、「別扱《あつか》い」というかたちになるのです。

このへんについて、アメリカ人は、すごくフェアでした。どの人もフェアに判定をしてくれました。これは日本ではめったにないことです。

日本だと、「卒業した大学」「勤めている会社」「地位・役職」などで、その人の〝偉《えら》さ〟を判定するのであって、その人の「教養」や「専門知識」で判定することは比較《ひかく》的少ないのですが、あちらのほうでは、「中身で判定してくる」ということが多かったのです。そういう印象を受けました。

7 「やり直し英語」は文法から

英語が実用レベルに達するまで、時間をかけ努力する

さまざまなことを述べてきましたが、私が申し上げたいことは、「プロフェッショナルとしての国際ビジネスマン」になるためには、もちろん、語学として最低でも英語を使えなくてはならないということです。

英語以外の言語を使う国に行く場合には、その国の言葉も必要だと思いますが、語学としての英語は、やはり、「実用レベル」に達するまで、頑張《がんば》って努

力するしかありません。

これは、ある程度、学習時間に比例して上がっていくものです。もちろん、才能的に学習時間を短縮できる人、早めにマスターできる人はいますが、長い時間をかければ、アチーブメント、到達度《とうたつど》としては、同じぐらいのところまで行くことも可能でしょう。「極端《きょくたん》に届かない」ということはなく、ある程度のところまでは行きます。「ほかのことをやりすぎて時間がなく、勉強できなくて、そこまで到達できない」ということが多いので、勉強すれば、ある程度のところまでは行くと思います。

「受験勉強での英語学習」を疎《おろそ》かにしてはならない

語学については、基本的には、「オーソドックスなところから入って、積み上げていく」という方式がよいでしょう。

受験勉強等も疎《おろそ》かにすべきではありません。そこに弱い部分があったら、そのあとに、難しいものをたくさん積んでも、崩《くず》れ落ちてしまいます。受験の勉強等も、なるべく、きっちり行《おこな》ったほうがよいのです。もし、それができていない人は、そこをやり直さないかぎり、上にいくら積んでも崩れます。

ここで特に言いたいのは、いわゆる「エスカレーター校」で下から上がっている人のことです。

小学校、あるいは中学校、高校からのエスカレーターで大学に入っている人は、大学入試で入っている人に比べると、同じ大学の学生であっても、語学のところで、すごく差がある場合があります。それは、中高のときに、大学を受験する人たちのようには、きっちりとした勉強をしていないからです。その部分の知識が詰《つ》まっていないにもかかわらず、外側に難しいものを積んでいくと、結局のところ、ガサーッと崩れてしまうのです。

語学学習には〝スイッチバック〟が必要

こういう人は、恥《はじ》を忍《しの》んで、中学レベルからでも、高校レベルからでも、自分がつまずいたところからやり直さないと駄目《だめ》です。そんなに時間はかからないはずです。

要するに、「『恥《は》ずかしい』と思うかどうか。元へ戻《もど》るのが嫌《いや》で、『戻りたくない』と思うかどうか」の問題です。前に進むときには機嫌《きげん》がよいでしょうが、元へ戻るのは嫌でしょう。

しかし、語学にはやはり、「フィードバック」が必要です。〝スイッチバック〟のように、「戻りつつ、上がっていく」というようなかたちにしなくてはいけません。

「自分に欠けているもの」や「忘れていくもの」もあります。

「関係詞とは何だったかな。もう忘れてしまった」「不定詞や動名詞とは、いったい、どんなものだったかな」「仮定法って何だったかな」など、「ちょっとボーッとしてきちゃったな」というように、忘れてしまったら、それを正直に認め、そこから、もう一回、きちんと勉強してみるべきだと思います。

勉強をどんどん進めていき、「上のほうに立った」と思っても、忘れていく部分が出てくるので、それに気がついたら、そこのところへ戻ってスイッチバックをする訓練をしたほうがよいのです。

やはり、「文法の知識」を固めなくては駄目です。

文法を長く勉強すると、それが「強み」に変わってくる

ただ、文法的にきちんと固めておけば、そうとう「強い」のです。

「日本人は、文法を勉強しているから、英語を話せない」といった言い方をされることはよくありますし、もちろん、そういうところはあるでしょう。文

法的な間違《まちが》いを非常に嫌がるので、そういう面は確かにありますが、これは日本人の英語の強さでもあるのです。ある意味では、文法を長く勉強すると、それが「強み」に変わってくるわけです。

「文法をきっちりと勉強していない人が書いた論文は、修士論文でも博士論文でも通らない」と、通常、言われています。

私がさまざまなアメリカ人と接した感じとしては、大学受験用で、ある程度の厚みのある文法書を、五回以上マスターしたようなレベルの英語をきちんと使える人は限られていました。そのレベルのきちんとした文法を身につけ、ほぼ正解レベルまで行っている英語が使える人は、東海岸の有名大学の卒業生に、ほぼ限られていたのです。

それ以外の人たちの英語には、デタラメな文法がたくさん出てきます。

そういう意味で、最初は下手であったとしても、文法的なところをきちんと固めておくことが、将来、書いたり読んだり話したりするとき、役に立ってくると思うのです。

「文法が日本人の英語を駄目にした」という言い方には気をつけたほうがよいでしょう。

「人から聞いて覚えただけの英語」では十分ではない

口語英語だけをやたらと教える人もいますが、たまたま自分が行った地方や大学で覚えた英語を使っていることが多いので、気をつけて学ばないと恥をかくことがあります。

アメリカでも、「そこでしか通用しない」という言葉はたくさんあるので、話す英語を聞いたら、その人がどこの出身か、一発《いっぱつ》で分かります。また、イギリス英語であれば、英語を聞いたら、どの階層に属しているかが一発で分かるのです。そういう怖《こわ》さがあるのです。

そういう意味では、「人から聞いて覚えただけの英語」では、十分ではないところがあります。

「正式な文法に基《もと》づいた英語」がつくれることは、そうとうなものであり、これは、もう、教養階級、インテリ階級に入っていることを意味するのです。

「文法は無視すべきではない」と私は思います。

英語に慣れれば、話し言葉は、なめらか、フリューエントになっていきます。

しかし、もとの部分がきっちり固まっていなくて、現地で慣れただけのフリューエントさだと、やはり底は浅く、難しい語彙《ごい》が増えてきたときには、それを組み立てていくだけの柱や土台の強さがなくなって、ちぐはぐな英語に見えることがあるのです。

聞き取れない英語は残るが、発信は相手に伝わるように

英語には、どうしても訛《なま》りがあります。ニューヨーク州であっても、幾《いく》つかの場所に分かれているので、出身地によっては、聞き取れない英語もあります。例えば、マンハッタンで使っている英語なら聞き取れても、ブロンクスのほうの英語になってきたら分からないこともあります。

また、ニューヨークのクイーンズの人は、「クイーンズの人ですか?」と訊《き》

かれるような英語を話しますし、「これは、ニュージャージー州の、日本人がたむろしている所の英語だな」とか、英語を聞くと、出身地の見当がつくものです。

映画「ロッキー」の主人公の英語を聞いてみれば、彼の出身地は明らかに分かるのです。「どのあたりの英語か」ということが分かってしまうぐらい、英語には違いがあります。

「日本人は日本人の英語でよい」と、ある程度、割り切って、文法の勉強をし、きちんとした英語を話せるようになれば、日本流の発音、アクセントであっても、その後《ご》、英語力が成長する可能性は非常に高いので、それを実践《じっせん》してください。

人種差別をする気はありませんが、会社などに勤めていると、黒人の方などには、貧しい地域から来た方も多く、教育を十分に受けていない階層の方が、ブルーワーカー的な位置づけで使われている場合もありました。

そういう人たちの英語は、残念ながら、全部を聞き取ることができません。「十年いても二十年いても、聞き取れない人は聞き取れない」と言っていました。それは、「もともと、下町言葉しか覚えていない」ということですね。

正式な英語が話せない方はいるので、その場合には、「どうしても全部は聞き取れない。半分ぐらいしか聞き取れない」ということは多かったのです。

聞き取れない英語は絶対に残ります。出身地と訛りによって聞き取れない英語は残るのです。

ただ、自分が発信するほうの英語については、努力すれば、相手に伝わるように組み立てることはできます。これは、努力して行うべきだと思います。

8　語彙《ごい》を増やす「日々の学習法」

英語学習の最後の関門は「語彙《ごい》」

英語の学習において、最後の関門は、やはり「語彙《ごい》」だと思います。これは、「単語数、それから表現数を、どれだけ多く知っているか」ということです。この部分が、日本の受験レベルでは圧倒《あっとう》的に足りません。

自分中心に用を足すことは可能ですが、向こうの組織や仕事の要求レベルに合わせて仕事をしようとすると、圧倒的な「語彙の不足」に直面することになります。これは、非常につらいことではありますが、シコシコと精進《しょうじん》して、勉強をし続ける以外にないのです。

私は、単熟語がたくさん入った「英語教材のシリーズ」を、延々と書き続けているのですが、薄《うす》いものでも、だいたい、英単語が千語程度、ないし、英文が千個ぐらいは入っていますし、厚いものだったら、二千ぐらいの英単語と例文が入っています。

そうすると、十冊勉強すれば、薄いものでも一万語レベルの単語や例文が入ってきますし、厚いものなら二万語レベルまで行きます。こうすることで、一万、二万と語彙は増えていきます。

日本人は、日本で仕事等をしているかぎりでは、英語のプロであっても、一万二千語から一万五千語ぐらい使えれば、十分に仕事ができます。しかし、海外などで仕事をするような場合には、これでは語彙数としては圧倒的に足りないのです。

努力して勉強しないかぎり、語彙は絶対に増えません。頭がよくても、やらないものは絶対にできないのです。

英語の単語や熟語は、漢字、漢語やことわざに当たる部分がそうとうあります。これは、知らなければ、絶対に分からないので、覚えるしかないのです。

これについては、分割《ぶんかつ》しながら、知的作業を繰《く》り返していくことが大事です。同じものが何回も出てきても構わないと思います。「反復《はんぷく》」することで身につけていくことが大事だと思います。

実際に使う経済用語は三万語ぐらいある

英語には、実用性のある資格検定もたくさんあるので、そういうものを「励《はげ》み」として受けると、自信になってよいと思います。

ただ、そうした試験は、外国人用に、限られた語彙のなかで問題をつくっているので、十分ではないところがあります。

例えば、TOEIC《トーイック》であれば、経済用の単語は八千語ぐらいの範囲《はんい》内で出ています。しかし、仕事で実際に使う経済用語は少なくとも三万語はあります。

この三万語の部分までカバーしようとしたら、英字新聞のビジネス欄《らん》から単語を引いて調べないと無理です。単語帳をつくるなり、ノートをつくるなり、切り抜《ぬ》くなり、貼《は》り付けるなり、丸暗記するなり、辞書を引きながら読むなり、好きにして構いませんが、努力しないかぎり、語彙は増えはしないのです。

英語を学ぶための「英字新聞の読み方」

・自分の仕事に関係のあるところだけを読む

英字新聞を読むときには、欲張らずに、まずは自分の専門ないしは専攻《せんこう》のところに限って読むことです。英字新聞を全部読もうとしたら〝沈没《ちんぼつ》〟します。下手をすると一日かかるので、まずは自分の仕事に関係があるようなところだけを選んで、「とりあえず、ここだけを読もう」という努力をすることが大事です。

・見出しと写真だけを見て、新聞を繰《く》る練習をする

その前に、「見出しだけを眺《なが》める練習」をする時期が必要です。本文を読むことは不可能なので、見出しだけを眺めるのです。

見出しだけを見ても、意味が分からないことはたくさんあります。

そもそも、日本の新聞、例えば日経新聞の見出しを外国人が見て、分かるかというと、たぶん、分からないと思います。一般《いっぱん》紙でも、そういうところはあります。見出しには、辞書を引いても、おそらく載《の》っていないような言葉がたくさん出ているので、外国人に分かるとは思えません。

同じことが英語でも言えるわけです。見出しだけを見ても、分からないことがあります。分からないことに、しばらく耐《た》え、見出しと写真だけを見て、新

聞を繰《く》る練習を、最初にしたほうがよいと思います。

そのうちに、「見出しというものは、どうも、冠詞《かんし》が削《けず》られ、過去形や完了《かんりょう》形、進行形、不定詞などがないらしい。名詞と動詞がズバッと出ていて、全部、現在形で書いてある。『三単現のｓ』が要《い》るか要らないか、そんな議論は飛んでしまって、関係ないらしい」ということが、だんだん分かってくるようになります。

要するに、新聞の見出しの英語は、「一瞬《いっしゅん》、パッと見ただけで、意味が分かればよい」ということで書かれている、〝特殊《とくしゅ》な英語〟なのです。

普通《ふつう》の英語の試験なら、当然、バツを付けられる英語なのですが、新聞の見出しでは構わないのです。バツを付けられる英語で堂々と載っているわけです。

“the《ザ》”が付くか付かないか、日本人はウンウン言って悩《なや》むのですが、新聞の見出しでは、字数の少ないほうを簡単に選んでいくのです。

そういうことが分かってくると、見出しの単語の意味が分かれば、言いたいことが、だいたい分かってくるようになります。

また、ご丁寧《ていねい》に写真が付いていることが多いので、写真とその単語の意味を合わせれば、だいたい何が言いたいのか、想像がつくようになります。

そのあと、自分が力を入れて勉強しているところ、例えば、宗教しか勉強していない人ならば、文化欄を一生懸命《いっしょうけんめい》探し、宗教にかかわるような記事がないかどうか、見ればよいのです。

私は、政治・経済や外交についても、かなり発信しているので、それを学んでいれば、英字新聞を読んで分かる部分は、かなりあると思います。

・日本語の新聞記事を読み、それと似た内容の英語の記事を読む

英字新聞が本当に分かるようになるためには、実は、「日本語の新聞」を読まなければ駄目《だめ》なのです。社会人として、「日本語の新聞」をきっちりと読んでおき、まず日本語で頭に入れる練習をしておいたほうがよいのです。日本語で読んで理解できないものは、英語で読んでも理解できません。

新聞には、自分の専門外の記事がたくさん載っているでしょうが、「日本語で読んで理解できないような記事は、英語で書いてあるものを読んでも、絶対に理解できない」と考えて、まず間違《まちが》いないのです。

日本人でも、例えば、「相撲《すもう》に関心がなく、相撲を見たこともないし、相撲に関するものを読んだこともない」という人は、新聞の大相撲の記事を読んで

も、たぶん、よく分からないでしょう。

また、「野球にまったく関心がなく、野球を球場でもテレビでも見たことはない。新聞で野球に関する記事を見たことがないし、テレビのニュースでも野球を見たことはない」という人であれば、新聞の野球欄を読んでも、いったい何を問題にしているか、よく分からないでしょう。

だから、まず、自分が「読みたい」と思う分野について、日本語の新聞の記事をできるだけ読み、次に、似たようなことが書いてある英語の記事を読めるように努力することが、次のステップだろうと思います。

・日本の新聞には載《の》っていない記事を読む

さらに、次なるステップは、日本の新聞には載《の》っていない記事、あるいは、日本のテレビでは言っていないニュース等を、英字新聞で読むことです。これは、実力がもう少しついて、上級になってきた場合です。

「日本の新聞には載っていないもの、日本のメディアが伝えていないものは、どれか」という目で、英語の新聞や雑誌、テレビなどを見るようにするのです。「上級者になっていく」というのは、そういうことです。「これは日本の新聞には載っていないな」というものを、まず見るわけです。

私は、「ヘラルド・トリビューン」（注。二〇一三年十月十五日より、「インターナショナル・ニューヨーク・タイムズ」に名称《めいしょう》を変更《へんこう》）や「フィナンシャル・タイムズ」など、英字新聞を幾《いく》つか読んでいます。日本の新聞と同じ内容の記事を読む場合もありますが、どちらかといえば、日本の新聞には載っていない書き方や捉《とら》え方をしているもののほうを見ています。「日本の新聞記事では、これについては載っていない」と思うものを中心的に読めば、違ったルートの情報が入ってきます。

ニュースでも、日本のニュースが報じていないところを見れば、勉強になるものはあります。日本の特派員が行けない所のニュースは、外国のニュースを見るに越《こ》したことはありません。

・英字新聞の読み方の段階を上げていく

もちろん、英語だけではカバーできない部分も、あることはあると思います。外国に行くと、いろいろな外国語放送を見ることもありますが、例えば、中国語を正確には理解できなくても、中国語の放送を見れば、だいたい七割ぐらいは、言っている内容が分かります。テロップに漢字を使い、いろいろな場面を映してくれれば、言っていることは分かるのです。

そういうことがあるので、最初は、謙虚《けんきょ》に、「見出し」だけを見る練習をし、そのあとは、「見出し」と「写真」を合わせる練習をして、次には、「日本語の新聞でよく読めるところ」を読むようにして、その次の段階が、「日本語のニュースでは取れないところ」を読んでいくのです。

私は英字紙をよく読んでいます。私が国際情勢の話をするときには、一般の人が知らないような話をすることがありますが、それは英字紙に載っているものが多いのです。

日本の新聞には、英字紙の一部分だけを取り出して訳し、要約して、自らが取材したように書いている場合もあります。ただ、そうではない記事もあるので、それを見落とさないようにすることが大事だと思います。

英語を学ぶための「英語雑誌の読み方」

●軟派《なんぱ》系の雑誌のスラングには要注意

英語の雑誌には、軟派《なんぱ》から硬派《こうは》まで、いろいろあります。軟派系の新聞も一部あるのだろうと思います。

軟派系の雑誌だと、語彙が足りなくて私にも分からないものがあります。いやらしい言葉など、スラングがたくさん出てきますが、あまり覚えたくないので、努力して覚えないようにしています。知っていると、使ってしまう可能性がかなりあるので、こういうものについては、知らなくても気にせず、「外人だから、知らなくてもよい」と考えることにしています。

軟派系の変な言葉をたくさん知っていると、どうしても使いたくなるのですが、それで失敗したこともあります。実際に使って、相手の顔色がパッと変わる経験をしました。使ってはいけない英単語があり、相手によっては烈火《れっか》のごとく怒《おこ》り始めることがあります。日本人以上に、この反応は激しいのです。

そういう言葉を聞いても、日本人は、それほど怒りませんし、怒っていても顔に出さないのですが、あちらの人の場合、「自分のようなインテリに対して、こういう英単語を使ってきた」ということで、すごい怒《いか》りを露骨《ろこつ》に表します。一言《ひとこと》で絶交寸前になる場合もあるのです。

「英語の表現を何でも知っていればよい」というものではありません。耳学問なり何なりで知った面白《おもしろ》い表現を、そのまま使ってよいわけではないので、気をつけたほうがよいのです。

・竹村健一《たけむらけんいち》氏の英会話本の「見たことのない英語」の正体とは

私がアメリカに行ったころには、竹村健一《たけむらけんいち》さんの書いた英会話本も出回っていました。それは、彼が東京オリンピックのころに書いたものです。

それを読み、「あまり見たことのない英語が、ずいぶん出ているな」と思ってはいたのですが、まさか、彼が、「大人の英語」として、ポルノ小説ばかり読んで、そこに出てくる単語や用例を採取《さいしゅ》していたとは知りませんでした。

一生懸命、ポルノ小説を読み、表現を集めていたらしいので、なるほど、「日本人が見たことのない英語」がたくさんあるはずです。

竹村健一さんの英会話本をアメリカに持っていき、そこにある表現を使ってみたら、至《いた》る所で、えらい目に遭《あ》いました（会場笑）。「そんな英語は聞いたことも見たこともない」と言われたのです。もしかしたら、知っているものもあったのかもしれませんが、「怒る人」と「無視する人」と「軽蔑《けいべつ》する人」が続出しました。

竹村さんのこの本はよく売れているかもしれませんが、「こんな本を出したら、いかんぜよ」という感じが、やはりしました。

「だって、この本に、こう書いてあるぞ」と言って、相手に見せても、「そんな表現はない！　ありえない」と言って、拒否《きょひ》するのです。日本人は活字を〝信仰《しんこう》〟していますが、アメリカ人に活字を見せ、「使用法が、ここに載っているじゃないか」と言っても、「認めない！　そんな英語はない！」と断言し、「あってはならない英語だ」と言うのです。

「ポルノ小説から取っている」ということを、こちらが十分に知っていなかったのはいけないのですが、人が知らない英語は使いたくなるではないですか。それで使ってみるのですが、恥《はじ》をかいたり怒られたりすることがあるので、気をつけたほうがよいのです。

特に、地位が高くなってくると、不用意に使ってはいけない単語とフレーズはあります。カジュアルな英語でも、使ってはいけないものはあるので、気をつけなくてはなりません。

竹村健一さんの書いた英会話集が使えないことは、ニューヨークで実験し、実証しました。自分で、ひととおり、その本に出ている代表的なフレーズを使ってみたので、「アウトだ」ということが、だいたい分かりました。

・ニューヨークで通じなかった「外国人タレントの英会話本」

もう一つ、イーデス・ハンソンというタレントの書いた英会話本もありました。この人は、インド生まれの在日アメリカ人だったので、これも実験してみる必要があると思い、ニューヨークで、毎日、その人のフレーズ一個を必ず使うことにして会話をしてみたら、そのフレーズを使ったときだけ通じないのです。

また、オーストラリア人の英語も同様で、ニューヨークで通用するかというと、「オーストラリア人の常識は、アメリカの非常識」であって、通じないことがあり、「クロコダイル・ダンディー」（オーストラリアの映画）のようになってしまうことがあるわけです。

「書いた人は、どんな人か」ということを、よく知り、その人の文化的背景と仕事をよく見てから、その人の英語を使わなければならず、何でもかんでも使っては駄目《だめ》なのです。

その人の仕事歴や経歴、出身地等をよく見て、どういう英語か、推定をつけなくてはいけません。「知っていればよい」というわけではないのです。このへんが大事です。

・英語を聞けば「出身地」「学歴」「職業」「地位」等が分かる

貴族階級では、イギリスにおいても、〝下半身言葉〟をあまり教えない傾向《けいこう》があるので、貴族のなかには、大人であっても、そうした言葉を知らない人はたくさんいます。そういう人たちには、そうした単語がまったくかすらないので、それを知っていることが恥になる場合もあります。

このへんに気をつけたほうがよいと思います。

英語は「階級言語」なので、英語を聞いただけで、その人の出身地や最終学歴、専攻、勤めている会社ないし職業、地位、年収などについて、ほとんど推定がつくのです。それには、それほど時間はかかりません。短ければ三十秒、長くても三分聞けば、学歴、出身地、階層、収入、地位などが、ほとんど分かり、ほぼ当てられます。

だから、とても怖《こわ》いのです。「流暢《りゅうちょう》だから、よい」と思って、悦《えつ》に入《い》っていたら、大変なことになります。

・「タイム」「ニューズウィーク」「エコノミスト」を読む

私がお勧《すす》めするのは、できるだけ正式な学問をした人が書いた文法書などを勉強した上で、権威《けんい》のある新聞ないし雑誌を読むことです。「タイム（TIME）」や「ニューズウィーク（Newsweek）」、ロンドンから出ているものであれば、「エコノミスト（The Economist）」などを読んでいればよいと思います。「エコノミスト」は、「タイム」よりは読みやすい英語で書いてあります。そうした、ある程度、権威のあるものをきちんと読んでいれば、それほど恥をかくようなことはないだろうと思います。

そういう実用英語の実例は、当会の英語テキストにそうとう採取してあるので、それを勉強すれば、ある程度の会話には通用します。よほど専門的なものでないかぎり、ある程度のところまでは十分に通用するのです。

おそらく、日本人の英語としては「できすぎる」ところまで、集めてあると思っています。

9 プロフェッショナルの条件

対外国での「プロフェッショナルの条件」は限られてくる

今日のテーマは「プロフェッショナルとしての国際ビジネスマンの条件」ですが、「プロフェッショナル」の部分の話がまだ十分ではないかもしれません。「プロフェッショナル」の定義は難しいのです。

〝忍者《にんじゃ》〟のように使命を確実に果たせたら、プロフェッショナルだろうと思いますが、それほど〝一発必中《いっぱつひっちゅう》の技《わざ》〟が使えるわけではありません。

ただ、対外国での「プロフェッショナル」ということであれば、条件は限られてくると思います。

「語学の条件」については話したので外し、「メンタルな部分」についての話をします。

【条件①】自分の意見を相手に分かるまで伝える

まず、自分の主張を通さなければならないものがある場合には、その主張を相手に納得《なっとく》してもらうために、「あの手、この手」で臨《のぞ》み、言い方を換《か》えてもよいので、とにかく、自分が言いたいことを、相手が分かるまで訴《うった》え続けることです。通じさせるまで引っ込《こ》まないで頑張《がんば》り抜《ぬ》くのです。

これは日本人では〝珍《めずら》しい性格〟になりますが、外国に出た場合には、自分が主張しなければならないことを、相手が「分からない」と言っても、分かるまで、あらゆる角度からトライし、説明しなくてはなりません。ボディーランゲージを使っても、絵を描いても、何をしても構わないので、「とにかく通じさせる」というところに執念《しゅうねん》を燃やすことです。この努力が必要だと思います。

それから、「相手を理解しようとする心」も持ったほうがよいでしょう。

いろいろな人種の人がいて、いろいろな考え方があり、いろいろな仕事観や宗教観、文化観、政治観が背景にはあるので、相手と自分の考えが違《ちが》っても、いちおう理解はしようとしたほうがよいのです。それを完全否定はしないほうがよいと思います。

ただ、「理解する」ということと、「理解をした上で、どの考えをとるか」ということは別の問題でしょう。

これは〝民主主義的〟にも大事なことです。いろいろな意見があることを前提にして意見を戦わせた上で、最後には、「みんなで決めたことについては、みながそれについていく」というのが、民主主義の考え方です。

そのためには、いろいろな意見が出ることが必要であり、それを戦わせ、「どれが議論として優位に立つか」ということで支持者の増えたものが、言論においては勝ちます。みんなが、「この考え方がよい」と支持し、それでいったん決まったら、それを、いちおう、全員が、「みんなで決めたことだから」と言って守らなくてはなりません。これが民主主義のルールです。

その前提としては、「異なる意見があること」と、「ディベートという文化があること」が基本ではあるのですが、この部分は、日本人がなかなか追いつかないでいるところです。

日本では、ドラマの「半沢直樹《はんざわなおき》」ほどにやりすぎたら、度が過ぎているかもしれませんが、言うべきことはきちんと言い、また、「向こうの言おうとしていること」「自分が理解すべきこと」は理解し、その〝両方〟の意見――「向こうの意見」と「自分の意見」――あるいは「第三者の意見」を比較《ひかく》考量した上で、「最終的には、こうしたほうがよい」という判断に至ったならば、その結論に持っていけるように努力することが、プロフェッショナルとしては大事なことだと思います。

そういう意味で、自分の仕事のデザインをし、最終着地に向けて、それを実現してしまうことが大切です。大きな考え方として、そういうことは大事なのです。

【条件②】仕事が速《はや》く、正確である

もう一つ、外国語が絡《から》んできた場合には、やはり、「仕事の速《はや》さ」は大事です。母国語に比べれば仕事が遅《おそ》くなる傾向《けいこう》がどうしても出るので、「仕事が速い」というのは大きなことです。

外国語が絡む業種において、「君、仕事が遅いね」と言われた場合には、もう、ほとんど駄目《だめ》だということです。これは、「頭が悪くて、能力がない」という意味なのです。

したがって、外国語が絡む分野における仕事においては、「仕事が速い」ということは前提条件になります。仕事が速くない人は使えないので、結局、駄目なのです。「仕事が速い」ということは、「頭の回転が速い」ということでもありますし、「処理能力が高い」ということでもあります。

それと同時に、速いけれども、結論に到達《とうたつ》したとき、その結論が正確であり、的《まと》に当たっていることも大事です。散弾銃《さんだんじゅう》を撃《う》つわけではないので、基本的には、「仕事は速く、結論が的確に当たる」という仕事のスタイルが望まれます。

仕事の遅い人は、国際分野においては、はっきり言って、落ちこぼれることになります。「仕事が遅いね」と言われたときには、もう、「黄信号がついている」ということです。日本的には、遅くても、「十分に吟味《ぎんみ》いたしました」とか、「この件については、二年間も〝握《にぎ》り潰《つぶ》して〟時間をかけましたので、十分な〝審議《しんぎ》〟を尽《つ》くしました」とか、そのようなことで、十分、銀行でも役所でも通るのですが（笑）、それは、一般《いっぱん》に、国際社会においては通りません。

「仕事が遅い」ということは、『あなたは駄目だ』と言われ、次にはクビが待っている」ということを意味しています。仕事は速くなければ駄目なのです。

最初に言ったように、異なる意見があるなかで、自分の主張は通し、相手の意見は理解しながらも、「最終結論」に向けて、ビジョンを持ち、それを達成しようとする努力が必要です。

二番目に、「仕事が速くて正確である」ということは、国際レベルで仕事をするには、どうしても必要な条件だと言えます。

【条件③】「独立した人格」と「チームワーク」の両立

「プロフェッショナルの条件」として、三番目に言えることは何でしょうか。

これは、日本人にとっては、非常にメリットになる面もデメリットになる面も両方出てくるのですが、「独立した人格」というものを持っていないと駄目なのです。そして、「独立した人格」を持ちつつ、「チームワークをつくる」ということ、〝矛盾《むじゅん》した行動〟ができなければいけないのです。

日本では、「同質であれば、問題がない」というような考えが多いのですが、それでは駄目です。先ほど言った教養や、いろいろな知識は、バックグラウンドではありますが、やはり、人間として本物でなくては駄目なのです。国籍《こくせき》を問わず、「人間として本物だ。立派な人だ」と見られ、独立した人格として認められる必要があります。

ただし、独《ひと》りぼっちの〝一匹狼《いっぴきおおかみ》〟では、基本的には、よい仕事はできないので、独立した人格として立派であると同時に、チームが組めなくてはなりません。自分の足りないところを知り、ほかの人の力も借り、一人でやるよりも大きな仕事をやり遂《と》げようとする、そうした情熱を持って協調していく力がないと、大きな仕事はできないのです。

「人間には、もちろん、本質的に平等なものがあるのだ」という、上に対しても下に対しても開《ひら》かれた心を持ちながら、自分としての独立した人格の重みを持ち、それが〝唯我独尊《ゆいがどくそん》〟に終わることなく、自分の足りざるところを補い合い、ほかの人と一緒《いっしょ》に仕事を進めていく能力が、プロフェッショナルとしては必要なのではないかと思います。

「自分を磨《みが》きつつ、他《た》の者とも協調して、大きなものをつくっていく」というスタイルでないかぎり、今まで、起業して大企業《きぎょう》になったものはないのです。必ず、このスタイルなのです。

〝突出《とっしゅつ》した個人〟が出てくる必要はあるのですが、その人を信頼《しんらい》して集まり、「協力してくれる仲間」ができてこそ、事業は大きくなるのです。

そのコア（核《かく》）の部分では必ず「複数制」が必要です。「二人ないし三人、あるいは五人」というチームが出来上がることによって、それが、また、ほかの人を使って、仕事が大きくなるのです。

〝傑出《けっしゅつ》した個人〟が出ることは大事なことではあるのですが、「傑出してはいるけれども、協調すべきときには協調して力を合わせ、足りざるところを責めるのではなく、補い合って、やっていく」ということが必要なのです。

だから、プロとしては、自分の「強み」も「弱み」も知っていなければいけません。

そういう意味では、自分と同じようなタイプばかり集める人は、基本的には駄目です。自分のコピーのような人間ばかり集めたがる人には、基本的に、大きな仕事はできません。

「自分と異なるタイプの人をも愛し、理解し、集めようとしていかなければ、基本的には、大きな仕事はできないものだ」と思わなくてはならないのです。

ほかにも、いろいろと言うべきことはあろうと思いますが、「プロフェッショナルとしての国際ビジネスマンは、努力と経験を通して成り立つのだ」ということを知ってくだされば結構です。

私のほうは、大学を開くに当たって、「国際部門に力を入れている」ということのＰＲになれば幸いだと考えています。

あとがき

二十世紀最後の日本の高度成長期、イギリスにサッチャー首相が出、アメリカにレーガン大統領が登場して、アメリカ型自由主義、資本主義がソ連の共産主義を打ち砕いて東西冷戦に勝利していく、その黎明期《れいめいき》に私はニューヨークに居合わせた。今はなきワン・ワールドトレードセンターの四十階で、自由の女神を背後に見おろせる位置で、日本人最年少の財務部門オフィサーをやっていた。少なくとも書類の上で、私が責任を持ってウオッチしていた外国為替《がいこくかわせ》は、年間一兆円近くはあったと思う。今から三十年余り前のことである。

もうすでにこの頃に、幸福の科学の国際戦略の芽は生まれていたと思う。また、あらゆる経験を人生の成功に変えていく「常勝思考《じょうしょうしこう》」も育ちつつあった。

若者たちよ、世界を目指せ。まだ学ぶべきことがそこにはあるだろう。かつて英語力一本で、激戦地ウォール街を駆け抜けた若き英雄の卵がいたことを、時折思い出してほしい。

二〇一三年　十一月五日

幸福《こうふく》の科学《かがく》グループ創始者兼総裁《そうししゃけんそうさい》
幸福《こうふく》の科学大学創立者《かがくだいがくそうりつしゃ》　大川隆法《おおかわりゅうほう》

『プロフェッショナルとしての国際ビジネスマンの条件』大川隆法著作関連書籍

『英語が開く「人生論」「仕事論」』（幸福の科学出版刊）

『大川総裁の読書力』（同右）

※左記は書店では取り扱っておりません。最寄りの精舎・支部・拠点までお問い合わせください。

『黒帯英語への道』（全十巻・宗教法人幸福の科学刊）

『黒帯英語初段』（全十巻・同右）

『黒帯英語二段』（①・同右）

プロフェッショナルとしての
国際《こくさい》ビジネスマンの条件《じょうけん》

2013年11月29日　初版第1刷

著　者　　大《おお》　川《かわ》　隆《りゅう》　法《ほう》

発行所　幸福の科学出版株式会社

〒107-0052 東京都港区赤坂2丁目10番14号
TEL(03)5573-7700
http://www.irhpress.co.jp/

印刷・製本　株式会社 東京研文社

落丁・乱丁本はおとりかえいたします

ISBN978-4-86395-411-3 C0030

大川隆法 ベストセラーズ・「幸福の科学大学」が目指すもの

新しき大学の理念

「幸福の科学大学」がめざす ニュー・フロンティア

2015年、開学予定の「幸福の科学大学」。日本の大学教育に新風を吹き込む「新時代の教育理念」とは? 創立者・大川隆法が、そのビジョンを語る。

1,400円

「経営成功学」とは何か

百戦百勝の新しい経営学

経営者を育てない日本の経営学!? アメリカをダメにしたMBA!? 幸福の科学大学の「経営成功学」に託された経営哲学のニュー・フロンティアとは。

1,500円

「人間幸福学」とは何か

人類の幸福を探究する新学問

「人間の幸福」という観点から、あらゆる学問を再検証し、再構築する——。数千年の未来に向けて開かれていく学問の源流がここにある。

1,500円

※表示価格は本体価格(税別)です。

大川隆法ベストセラーズ・「幸福の科学大学」が目指すもの

「未来産業学」とは何か

未来文明の源流を創造する

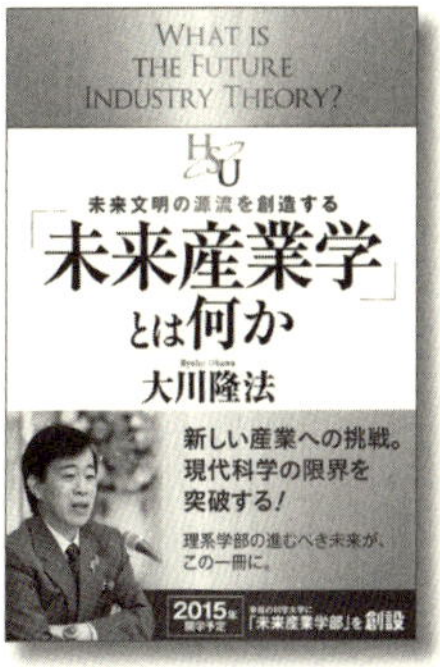

新しい産業への挑戦――「ありえない」を、「ありうる」に変える! 未来文明の源流となる分野を研究し、人類の進化とユートピア建設を目指す。

1,500円

宗教学から観た「幸福の科学」学・入門

立宗 27 年目の未来型宗教を分析する

幸福の科学とは、どんな宗教なのか。教義や活動の特徴とは? 他の宗教との違いとは? 総裁自らが、宗教学の見地から「幸福の科学」を分析する。

1,500円

「未来創造学」入門

未来国家を構築する新しい法学・政治学

政治とは、創造性・可能性の芸術である。どのような政治が行われたら、国民が幸福になるのか。政治・法律・税制のあり方を問い直す。

1,500円

幸福の科学出版

大川隆法 ベストセラーズ・英語達人を目指して

英語が開く「人生論」「仕事論」
知的幸福実現論

あなたの英語力が、この国の未来を救う――。国際的な視野と交渉力を身につけ、あなたの英語力を飛躍的にアップさせる秘訣が満載。

1,400円

渡部昇一流・潜在意識成功法
「どうしたら英語ができるようになるのか」とともに

英語学の大家にして希代の評論家・渡部昇一氏の守護霊が語った「人生成功」と「英語上達」のポイント。「知的自己実現」の真髄がここにある。

1,600円

英語界の巨人・斎藤秀三郎が伝授する英語達人への道

受験英語の先にほんとうの英語がある! 明治・大正期の英語学のパイオニアが贈る「使える英語」の修得法。英語で悩める日本人、必読の書。

1,400円

※表示価格は本体価格(税別)です。

大川隆法 ベストセラーズ・「大川隆法」の魅力を探る

大川隆法の守護霊霊言

ユートピア実現への挑戦

あの世の存在証明による霊性革命、正論と神仏の正義による政治革命。幸福の科学グループ創始者兼総裁の本心が、ついに明かされる。

- 「日本国憲法」の問題点
- 「幸福実現党」の立党趣旨
- 「宗教革命」と「政治革命」
- 大川隆法の「人生計画」の真相 ほか

1,400円

政治革命家・大川隆法

幸福実現党の父

未来が見える。嘘をつかない。タブーに挑戦する──。政治の問題を鋭く指摘し、具体的な打開策を唱える幸福実現党の魅力が分かる万人必読の書。

- 「リーダーシップを取れる国」日本へ
- 国力を倍増させる「国家経営」の考え方
- 「時代のデザイナー」としての使命
- 「自由」こそが「幸福な社会」を実現する ほか

1,400円

大川隆法霊言シリーズ・**最新刊**

フィリピン巨大台風の霊的真相を探る

天変地異に込められた「海神」からのシグナル

フィリピンを襲った巨大台風「ハイエン」。その霊的真相を探るなかで、次々と明らかになる衝撃の内容！　そして、日本が果たすべき使命とは。

1,400円

韓国 朴《パク》正《チョン》熙《ヒ》元大統領の霊言

父から娘へ、真実のメッセージ

娘よ、反日・親中戦略をやめよ！　かつて韓国を発展へと導いた朴正熙元大統領が、霊界から緊急メッセージ。娘・朴《パク》槿《ク》恵《ネ》現大統領に苦言を呈す。

【幸福実現党刊】

1,400円

公開霊言 スティーブ・ジョブズ 衝撃の復活

英語霊言 日本語訳付き

世界を変えたければ、シンプルであれ。そしてクレージーであれ。その創造性によって世界を変えたジョブズ氏が、霊界からスペシャル・メッセージ。

2,700円

※表示価格は本体価格（税別）です。

大川隆法 ベストセラーズ・希望の未来を切り拓く

未来の法
新たなる地球世紀へ

暗い世相に負けるな！ 悲観的な自己像に縛られるな！ 心に眠る無限のパワーに目覚めよ！ 人類の未来を拓く鍵は、一人ひとりの心のなかにある。

2,000円

教育の使命
世界をリードする人材の輩出を

わかりやすい切り口で、幸福の科学の教育思想が語られた一書。イジメ問題や、教育荒廃に対する最終的な答えが、ここにある。

1,800円

ミラクル受験への道
「志望校合格」必勝バイブル

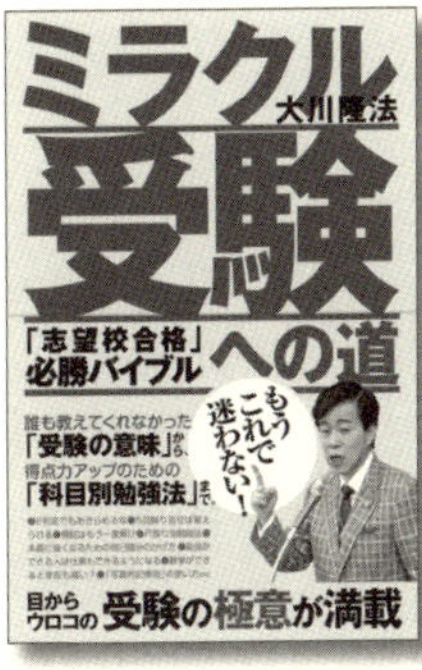

受験は単なるテクニック修得ではない！「受験の意味」から「科目別勉強法」まで、人生の勝利の方程式を指南する、目からウロコの受験バイブル。

1,400円

幸福の科学出版

2015年開学予定!
幸福の科学大学

（仮称）設置認可申請予定

幸福の科学大学は、日本の未来と世界の繁栄《はんえい》を拓《ひら》く
「世界に通用する人材」「徳あるリーダー」を育てます。

校舎棟イメージ図

幸福の科学大学が担う使命

「ユートピアの礎《いしずえ》」

各界を変革しリードする、徳《とく》ある英才・真のエリートを連綿《れんめん》と輩出《はいしゅつ》し続けます。

「未来国家創造の基《き》礎《そ》」

信仰心《しんこうしん》・宗教的価値観を肯定《こうてい》しつつ、科学技術の発展や
社会の繁栄《はんえい》を志向《しこう》する、新しい国づくりを目指します。

「新文明の源流」

「霊界《れいかい》」と「宇宙」の解明を目指し、新しい地球文明・文化のあり方を
創造・発信し続けます。

幸福の科学大学の魅力

1 夢にチャレンジする大学

今世《こんぜ》の「使命」と「志《こころざし》」の発見をサポートし、学生自身の個性や強みに基づいた人生計画の設計と実現への道筋を明確に描きます。

2 真の教養を身につける大学

仏法真理を徹底的に学びつつ心の修行を重ね、魂の器《うつわ》を広げます。仏法真理を土台に、正しい価値判断ができる真の教養人を目指します。

3 実戦力を鍛える大学

実戦《じっせん》レベルまで専門知識を高め、第一線で活躍するリーダーと交流を持つことによって、現場感覚や実戦力を鍛《きた》え、成果を伴《ともな》う学問を究《きわ》めます。

4 世界をひとつにする大学

自分の意見や考えを英語で伝える発信力を身につけ、宗教や文化の違いを越えて、人々を魂レベルで感化《かんか》できるグローバル・リーダーを育てます。

5 未来を創造する大学

未来社会や未来産業の姿を描き、そこから実現に必要な新発見・新発明を導き出します。過去の思想や学問を総決算し、新文明の創造を目指します。

校舎棟の正面

学生寮

大学完成イメージ

幸福の科学グループの教育事業

Noblesse《ノーブレス》 Oblige《オブリージ》

「高貴なる義務」を果たす、
「真のエリート」を目指せ。

幸福の科学学園
中学校・高等学校（那須本校）

Happy Science Academy Junior and Senior High School

「私は、
教育が人間を創ると
信じている一人である。
若い人たちに、
夢とロマンと、精進、
勇気の大切さを伝えたい。
この国を、全世界を、
ユートピアに変えていく力を
出してもらいたいのだ。
（幸福の科学学園 創立記念碑より）

幸福の科学学園 創立者
大川隆法」

幸福の科学学園（那須本校）は、幸福の科学の教育理念のもとにつくられた、男女共学、全寮制の中学校・高等学校です。自由闊達な校風のもと、「高度な知性」と「徳育」を融合させ、社会に貢献するリーダーの養成を目指しており、2013年4月には開校三周年を迎えました。

幸福の科学学園・教育の特色

「徳ある英才」の創造

教科「宗教」で真理を学び、行事や部活動、寮を含めた学校生活全体で実修して、ノーブレス・オブリージ(高貴なる義務)を果たす「徳ある英才」を育てていきます。

体育祭

天分を伸ばす「創造性教育」

教科「探究創造」で、偉人学習に力を入れると共に、日本文化や国際コミュニケーションなどの教養教育を施すことで、各自が自分の使命・理想像を発見できるよう導きます。さらに高大連携教育で、知識のみならず、知識の応用能力も磨き、企業家精神も養成します。芸術面にも力を入れます。

探究創造科発表会

一人ひとりの進度に合わせた「きめ細やかな進学指導」

熱意溢れる上質の授業をベースに、一人ひとりの強みと弱みを分析して対策を立てます。強みを伸ばす「特別講習」や、弱点を分かるところまでさかのぼって克服する「補講」や「個別指導」で、第一志望に合格する進学指導を実現します。

授業の様子

自立心と友情を育てる「寮制」

寮は、真なる自立を促し、信じ合える仲間をつくる場です。親元を離れ、団体生活を送ることで、縦・横の関係を学び、力強い自立心と友情、社会性を養います。

毎朝夕のお祈りの時間

幸福の科学学園の進学指導

1 英数先行型授業

受験に大切な英語と数学を特に重視。「わかる」（解法理解）まで教え、「できる」（解法応用）、「点がとれる」（スピード訓練）まで繰り返し演習しながら、高校三年間の内容を高校二年までにマスター。高校二年からの文理別科目も余裕で仕上げられる効率的学習設計です。

2 習熟度別授業

英語・数学は、中学一年から習熟度別クラス編成による授業を実施。生徒のレベルに応じてきめ細やかに指導します。各教科ごとに作成された学習計画と、合格までのロードマップに基づいて、大学受験に向けた学力強化を図ります。

3 基礎力強化の補講と個別指導

基礎レベルの強化が必要な生徒には、放課後や夕食後の時間に、英数中心の補講を実施。特に数学においては、授業の中で行われる確認テストで合格に満たない場合は、できるまで徹底した補講を行います。さらに、カフェテリアなどでの質疑対応の形で個別指導も行います。

4 特別講習

夏期・冬期の休業中には、中学一年から高校二年まで、特別講習を実施。中学生は国・数・英の三教科を中心に、高校一年からは五教科でそれぞれ実力別に分けた講座を開講し、実力養成を図ります。高校二年からは、春期講習会も実施し、大学受験に向けて、より強化します。

5 幸福の科学大学（仮称・設置認可申請予定）への進学

二〇一五年四月開学予定の幸福の科学大学への進学を目指す生徒を対象に、推薦制度を設ける予定です。留学用英語や専門基礎の先取りなど、社会で役立つ学問の基礎を指導します。

授業の様子

詳しい内容、パンフレット、募集要項のお申し込みは下記まで。

幸福の科学学園 関西中学校・高等学校

〒520-0248
滋賀県大津市仰木の里東2-16-1
TEL.077-573-7774
FAX.077-573-7775
[公式サイト]
www.kansai.happy-science.ac.jp
[お問い合わせ]
info-kansai@happy-science.ac.jp

幸福の科学学園 中学校・高等学校

〒329-3434
栃木県那須郡那須町梁瀬 487-1
TEL.0287-75-7777
FAX.0287-75-7779
[公式サイト]
www.happy-science.ac.jp
[お問い合わせ]
info-js@happy-science.ac.jp

仏法真理塾

サクセスNo.1

未来の菩薩を育て、仏国土ユートピアを目指す！

仏法真理塾「サクセスNo.1」とは

宗教法人幸福の科学による信仰教育の機関です。信仰教育・徳育にウエイトを置きつつ、将来、社会人として活躍するための学力養成にも力を注いでいます。

サクセスNo.1 東京本校（戸越精舎内）

「サクセスNo.1」のねらいには、「仏法真理と子どもの教育面での成長とを一体化させる」ということが根本にあるのです。

大川隆法総裁　御法話「『サクセスNo.1』の精神」より

仏法真理塾「サクセスNo.1」の教育について

信仰教育が育む健全な心

御法話拝聴や祈願、経典の学習会などを通して、仏の子としての「正しい心」を学びます。

学業修行で学力を伸ばす

忍耐力や集中力、克己心を磨き、努力によって道を拓く喜びを体得します。

法友との交流で友情を築く

塾生同士の交流も活発です。お互いに信仰の価値観を共有するなかで、深い友情が育まれます。

●サクセスNo.1は全国に、本校・拠点・支部校を展開しています。

東京本校
TEL.03-5750-0747　FAX.03-5750-0737

名古屋本校
TEL.052-930-6389　FAX.052-930-6390

大阪本校
TEL.06-6271-7787　FAX.06-6271-7831

京滋本校
TEL.075-694-1777　FAX.075-661-8864

神戸本校
TEL.078-381-6227　FAX.078-381-6228

西東京本校
TEL.042-643-0722　FAX.042-643-0723

札幌本校
TEL.011-768-7734　FAX.011-768-7738

福岡本校
TEL.092-732-7200　FAX.092-732-7110

宇都宮本校
TEL.028-611-4780　FAX.028-611-4781

高松本校
TEL.087-811-2775　FAX.087-821-9177

沖縄本校
TEL.098-917-0472　FAX.098-917-0473

広島拠点
TEL.090-4913-7771　FAX.082-533-7733

岡山拠点
TEL.086-207-2070　FAX.086-207-2033

北陸拠点
TEL.080-3460-3754　FAX.076-464-1341

大宮拠点
TEL.048-778-9047　FAX.048-778-9047

全国支部校のお問い合わせは、
サクセスNo.1 東京本校（TEL. 03-5750-0747）まで。

メール info@success.irh.jp

エンゼルプランV

信仰教育をベースに、知育や創造活動も行っています。

信仰に基づいて、幼児の心を豊かに育む情操教育を行っています。また、知育や創造活動を通して、ひとりひとりの子どもの個性を大切に伸ばします。お母さんたちの心の交流の場ともなっています。

TEL 03-5750-0757　FAX 03-5750-0767
メール angel-plan-v@kofuku-no-kagaku.or.jp

ネバー・マインド

不登校の子どもたちを支援するスクール。

「ネバー・マインド」とは、幸福の科学グループの不登校児支援スクールです。「信仰教育」と「学業支援」「体力増強」を柱に、合宿をはじめとするさまざまなプログラムで、再登校へのチャレンジと、進路先の受験対策指導、生活リズムの改善、心の通う仲間づくりを応援します。

TEL 03-5750-1741　FAX 03-5750-0734
メール nevermind@happy-science.org

ユー・アー・エンゼル！（あなたは天使！）運動

障害児の不安や悩みに取り組み、ご両親を励まし、勇気づける、障害児支援のボランティア運動です。学生や経験豊富なボランティアを中心に、全国各地で、障害児向けの信仰教育を行っています。保護者向けには、交流会や、医療者・特別支援教育者による勉強会、メール相談を行っています。

TEL 03-5750-1741　FAX 03-5750-0734
メール you-are-angel@happy-science.org

シニア・プラン21

生涯反省で人生を再生・新生し、希望に満ちた生涯現役人生を生きる仏法真理道場です。週1回、開催される研修には、年齢を問わず、多くの方が参加しています。現在、全国8カ所（東京、名古屋、大阪、福岡、新潟、仙台、札幌、千葉）で開校中です。

東京校 TEL 03-6384-0778　FAX 03-6384-0779
メール senior-plan@kofuku-no-kagaku.or.jp

入会のご案内

あなたも、幸福の科学に集い、ほんとうの幸福を見つけてみませんか？

幸福の科学では、大川隆法総裁が説く仏法真理をもとに、「どうすれば幸福になれるのか、また、他の人を幸福にできるのか」を学び、実践しています。

入会

大川隆法総裁の教えを信じ、学ぼうとする方なら、どなたでも入会できます。入会された方には、『入会版「正心法語」』が授与されます。（入会の奉納は1,000円目安です）

ネットでも**入会**できます。詳しくは、下記URLへ。
happy-science.jp/joinus

三帰《さんき》誓願《せいがん》

仏弟子としてさらに信仰を深めたい方は、仏・法・僧の三宝への帰依を誓う「三帰誓願式」を受けることができます。三帰誓願者には、『仏説・正心法語』『祈願文①』『祈願文②』『エル・カンターレへの祈り』が授与されます。

植福《しょくふく》の会

植福は、ユートピア建設のために、自分の富を差し出す尊い布施の行為です。布施の機会として、毎月1口1,000円からお申込みいただける、「植福の会」がございます。

「植福の会」に参加された方のうちご希望の方には、幸福の科学の小冊子（毎月1回）をお送りいたします。詳しくは、下記の電話番号までお問い合わせください。

月刊「幸福の科学」

ザ・伝道

ヤング・ブッダ

ヘルメス・エンゼルズ

INFORMATION	**幸福の科学サービスセンター** TEL. **03-5793-1727**（受付時間 火～金:10～20時／土・日:10～18時） 宗教法人 幸福の科学 公式サイト **happy-science.jp**